奴《ヌ》奈《ナ》川《カワ》姫《ヒメ》と子どもの像（子どもはのちの健《タケ》御《ミ》名《ナ》方《カタ》神《ノカミ》）―― 糸魚川市

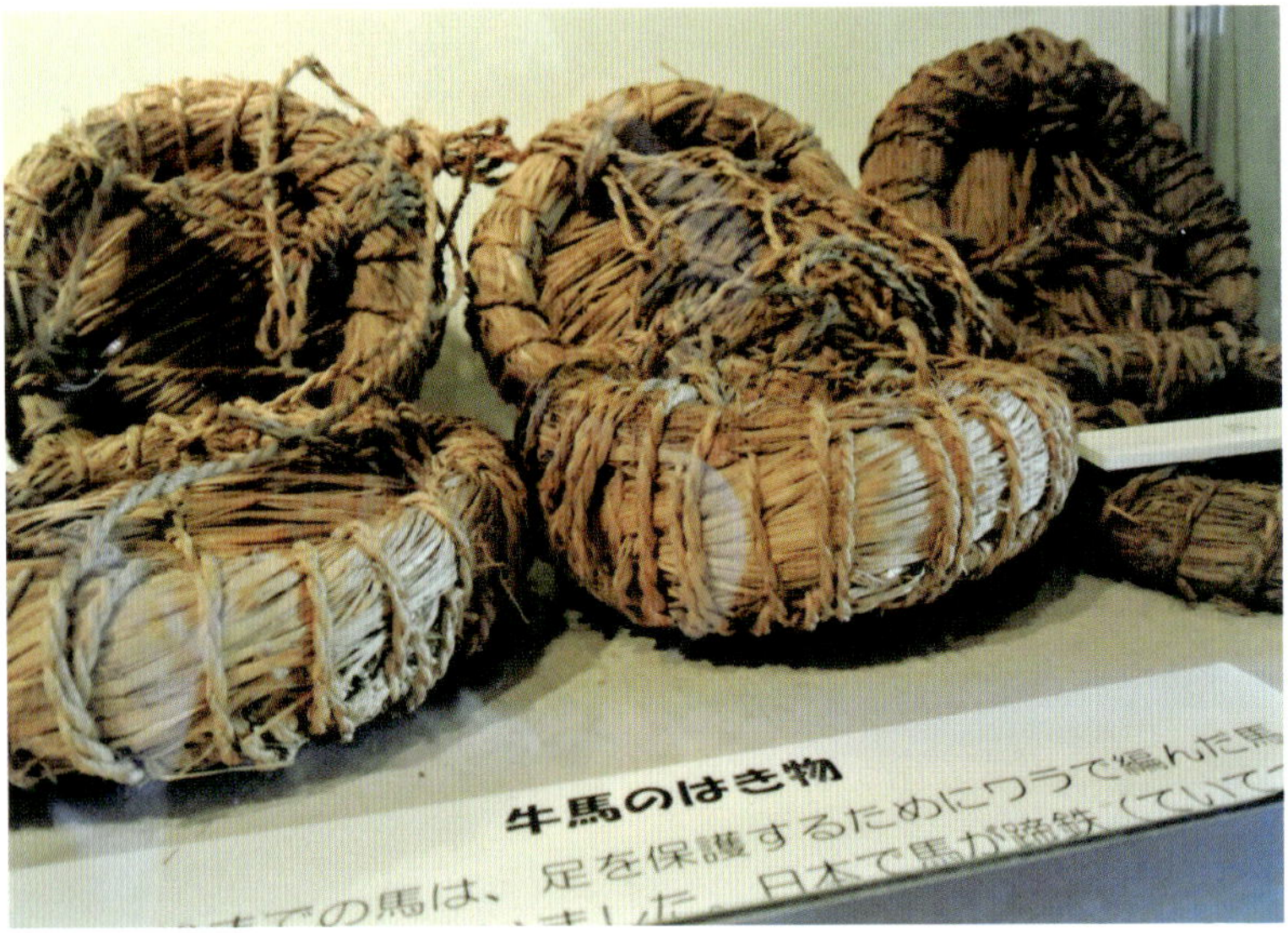


牛馬のはき物（牛馬の足を保護するために藁で編んだはき物）
—— 信濃大町「塩の道ちょうじや」（旧塩の道博物館）

姫川源流 —— 白馬村神城

白馬三山と松川の流れ

虫尾阿弥陀堂境内の供養塔・庚申塔 —— 小谷村

前山百体観音 —— 小谷村栂池高原

三峰様 —— 小谷村北小谷

小山矩子
Koyama Noriko

# 黎明の道 祈りの道

信州「塩の道」を歩いて

文芸社

黎明の道　祈りの道／目次

## 3

## 塩の道　千国古道の分岐　118

塩の道　街道全図と北アルプスの山並み

日本海
糸魚川駅
糸魚川市
北陸本線
北陸自動車道
ひめがわ
フォッサマグナミュージアム
くびきおおの
鉾ヶ岳 1316
焼山温泉
笹倉温泉
放山 1190
海川
姫川
青海川ヒスイ峡
黒姫山 1222
明星山 1189
白鳥山 1287
ねち
阿彌陀山 1502
こたき
塩の道温泉
駒ヶ岳 1987
昼闇山 1841
小滝川ヒスイ峡
鋸岳 1631
犬ヶ岳 1593
高浪の池
雨飾温泉
焼山 2400
しろ池の森
小滝川
赤禿山 1158
姫川
金山 2245
雨飾山 1963
天狗原山 2197
ひらいわ
大所川
小谷温泉奥の湯
小谷温泉
黒負山 2070
島温泉
深山の湯
来馬温泉
きたおたり
大渚山 1566
白池森林公園
地蔵山 2073
浦川
中谷川
朝日岳 2418
姫川
堂津岳 1927
なかつち
奉納温泉
下里瀬温泉
奥西山 1816
高妻山 2353
雪倉岳 2611
小谷村
白馬乗鞍岳 2436
戸隠山 1904
奥白馬温泉
みなみおたり
小蓮華山 2766
東山 1849
白馬乗鞍高原
ちくに
西岳 2030
白馬岳 2932
栂池高原
杓子岳 2812
はくばおおいけ
八方山 1685
白馬鑓ヶ岳 2903
白馬村
しなのもりうえ
八方山 1974
白馬八方温泉
はくば
柳沢峠 1181
唐松岳 2696
いいもり
白岳 2541
かみしろ
犬川
国道406号
五龍岳 2814
姫川
みなみかみしろ
塩の道
東回り古道
西回り古道
国道148号
JR大糸線
河川

# 黎明の道　祈りの道

## 信州「塩の道」を歩いて

# プロローグ

九月の初めに信州を訪れたのは、雪の白馬三山を見たい願いからであった。東京からでは錦糸町駅から長野県南小谷《みなみおたり》駅までの直通の特急があるが、たっぷりと信州の北辺の空気に浸りたい思いもあって、信濃大町《しなのおおまち》駅から大糸線の普通列車に乗り継いだのであった。この目論みは正解であった。

南豊科《みなみとよしな》駅を過ぎた頃から山々がだんだんと間近に迫り、穂高《ほたか》駅、安曇追分《あずみおいわけ》駅と過ぎるにつれ山々の稜線が一斉に迫ってくる。美しい雪山の連峰は信濃大町駅まで続き、やがて左手車窓から木崎《きざき》湖《こ》、中綱《なかつな》湖《こ》、青木《あおき》湖《こ》が次々と姿を見せる。この仁科《にしな》三湖《さんこ》は、木立の向こうに広がる美しい湖である。車窓を流れ行く湖は、三十数年前に流行した「あずさ2号」という歌を思い出させた。都会での愛する人との生活にピリオドを打ち、新しい恋人と信州へ旅立とうとする女性の複雑な心情を歌った曲で、歌詞は苦しみから立ち上がろうとする内容であったと思う。当時としては異色の心情を歌っていた。歌を思い出させたのは、女性の凛々《りり》しさと湖の佇まいが重なり合っていたのであろうか。

やがて、遠くに見える雪山と、その裾野にゆったりと広がる民家……。つい先ほどまでの日々の生活を忘れさせる気持ちの広がりと、安らぎの世界がそこにあった。

雪山は遠くに、また重なるように連なり切れ目がない。青い空にくっきりと線を描く稜線が実に美しい。この山々は、有名な飛騨《ひだ》山脈（北アルプス）の山並みであった。

やがて列車は白馬《はくば》駅に到着し、そこで私は下車した。八方《はっぽう》アルペンラインのゴンドラリフトで終点の八方池山荘（一八三〇メートル）まで行き、そこから八方池（二〇六〇メートル）を目指した。第一ケルン（一八二〇メートル）から見た白馬三山は、想像以上に崇高な美しさであった。ガスで遮られ姿を消し、また現われる不思議な情景の山の姿を飽きずに求め続けた。

アルプスの山々は標高三〇〇〇メートルに近い山が多く、九月になっても山々に雪が残っている。このような高い山々が背骨のように続くということは、地殻変動と関係があるのではなかろうか、地殻変動でしか成り得ないことであろうなどと、日常では思い付きもしないことが手繰るように思い起こされた。

# 第1章

# 北アルプスの誕生

白馬から帰省後、長野県北部の地殻変動と北アルプス（飛騨山脈）の関係を調べてみた。日本最古の地層は旧古生代に当たると言われているが、この時代には陸の生物は見られず、新古生代になって初めて動物の上陸が始まり両生類が上陸し栄え、シダ類を中心に各地に大森林ができたという。生物の誕生とともに何億何千万年もの間に繰り返された地殻変動は地質に対応して、造山運動や造陸運動や地殻運動を起こしている。

北アルプスの造山運動は、古生代と中生代の頃には水平であった地層が横圧力のため波状に曲がったり、断層で断ち切られたりの褶曲《しゅうきょく》作用があり、その後複雑な地質構造が繰り返されたという。ただし、北アルプスの造山運動の詳細はいまだ明確でないとあった。

北アルプスの山々は、素人目にも「何か大きな力によって一方の側に押しやられてできたのではなかろうか」と推測してしまうほど、一方の側に集まり並んでいるように思える。

翌年の五月、越後湯沢駅《えちごゆざわ》からほくほく線に乗り継ぎ新潟県糸魚川市《いといがわ》を訪れた。ここには、日本を代表するジオパーク（大地や地球活動の遺産を調べる自然公園）がある。

ここで、日本列島には親不知《おやしらず》（新潟県糸魚川市）から諏訪湖《すわこ》（長野県諏訪市・岡谷市《おかやし》・下諏訪町《しもすわまち》）を通って安倍川《あべかわ》（静岡県静岡市駿河区《するがく》）に至る大断層線があることを知った。

この大断層線は、本州の中央部・中部地方から関東地方にかけての地域を縦断する「大きな溝」であった。この溝は、日本列島を二分しているという。そして、日本列島を二分するのは「線」ではなく「大きな溝」であるという。

当然のことながら溝には西縁と東縁があるわけで、西縁は先の糸魚川静岡（糸静線）構造線であり、東縁は新発田小出《しばたこいで》構造線及び柏崎千葉《かしわざきちば》構造線とされている。西縁は「糸静線」と動かないが、東縁についてはいまだに諸説があるようである。

構造線は、糸静線から東に大きく広がる地溝帯で、古い地層でできた本州の中央をU字型の溝が南北に走り、その溝に新しい地層が溜まっているところと言えるようである。そしてこの溝は、かつては日本海と太平洋を結ぶ海であったという。正確な地図のなかった奈良・平安時代に、すでに「信濃の国が本州のほぼ中央」と知られていたようである。

百科辞典によると、溝の西縁糸静線は、新潟県糸魚川市より姫川《ひめかわ》に沿って南下しているという。それから松本盆地西縁、塩尻《しおじり》付近、諏訪湖西岸、鳳凰山《ほうおうざん》山麓より早川《はやかわ》の谷に通じ静岡に至るという。

姫川に沿って南下していると知った驚きは、私にとって大ショックであった。やはり「姫川はただの川ではなかった」のである。姫川の存在が大きく心に残った。

飛騨山脈（北アルプス）の地表は、新しい火山噴出物で覆われていると言われるが、大部分が五億五千年前から六千五百万年の地層であるという。大変な歴史を持った山々である。

同じく糸静線の構造線内にある妙高《みょうこう》連峰付近は、大部分が二千五百万年前以降の堆積物や火山噴出物であるという。二つは地図上でも大して離れていない位置にありながら、この大きな地質構造の違いはなぜなのであろうか。

四十六億年と言われる地球の歴史である。幾度となく地殻変動は繰り返され、そして今の地球の姿となったのである。このような不思議があって当然なのであろう。

日本武尊《ヤマトタケルノミコト》の東征の話は有名であるが、信濃に侵入した一行の感動の声であろうか、

「是《こ》の国、山高く谷幽《ふか》く、翠嶺《あをきたけ》万重《よろづへ》なり、人倚杖《つゑつか》ひて升《のぼ》り難し。巌嶮《いはほさか》しく磴紆《かけはしめぐ》りて、長峯《なかきたけ》数千《ちぢ》余り、馬頓轡《なづ》みて進《ゆ》かず」

と『日本書紀』にある。後ろに「信濃坂（御坂峠）」の文字もあるので、この山々は北アルプスだったのではなかろうか。

美しい、神々しいと感動した連山の誕生の歴史を知ると、今まで感動した山々や連峰は、地球の形成と厳しく絡め合って誕生した宇宙の遺産であり、自然の造形物なのである。畏敬の気持ちが湧くはずである。

# 第2章

# 歴史を秘めた道

内陸の信州（長野県）松本と日本海に面した越後（新潟県）糸魚川との交流は、江戸時代、かなり盛んであったことが記録に残されているが、昭和二十九（一九五四）年から始められた長者ヶ原《ちょうじゃがはら》遺跡発掘によって、日本海に面したこの地方で最も古い人類は一万二千年前にすでに住んでいたということが分かった。その時代に堆積された赤土に、その痕跡があると言われている。この時代からすでに信越の交流はあったのではなかろうか。支流を集めて流れる姫川は、信州と

松本城（深志城）「塩の道」は信州松本が発着点

越後を結び日本海に大きな流れとなって流れ込んでいる。

遺跡からこの地方の太古を見ると、縄文時代早期のBC七〇〇〇年には二、三戸が自然の洞窟に住み、弓矢の製作をしたらしく、その当時の土器が発見されている。

縄文時代前期のBC四〇〇〇年には、竪穴住居に十数戸が住み、縄文時代晩期のBC一〇〇〇〜三〇〇〇年には大型竪穴住宅となっている。有名な火焔土器は、この時代のものらしく文化もかなり高くなっている。

またこの時代に、翡翠《ヒスイ》や蛇紋岩《じゃもんがん》の加工が盛んに行なわれていたことも驚きである。ヒスイを加工した玉、勾玉《まがたま》は当時最高の装飾品で、権威の象徴でもあった。その加工場が、糸魚川の長者ヶ原遺跡から発見されているのである。

同じく遺跡からミシャクジ（ミシャグジ）神のご神体となっている物や、依代《よりしろ》

（神霊の依《よ》り憑《つ》く物）とされている物と同じ物が出土している。未熟な社会にあって、教育や知識のあるなしにかかわらず、人は信仰の心を宿すのであろうかと不思議に思うし尊いことである。

ミシャクジは日本古来の神である。賽《サイ》の神《カミ》＝境界の神であり、もとはその土地に住む先住民の信仰であり、柳田國男氏は「大和民族と先住民がそれぞれの居住地に立てた一種の『標識』である」と言っている。ミシャクジ信仰は、東日本の広域にわたって分布していると言われるが、糸魚川市から信州の北部にかけて現在もその信仰は受け継がれ残っているように思う。今も、集落に多くの遺構を目にする。

## 1　ヒスイと奴奈川姫《ヌナカワヒメ》

糸魚川駅に近く、糸魚川を代表する神社「天津《あまつ》神社」と「奴奈川《ぬながわ》神社」がある。また駅を背にして海に向かって進むと、海岸近く海風を受けて聳えるように建つ女性と子どもの像を目にする。「奴奈川姫（沼河比売《ヌナカワヒメ》）」と諏訪大社の御祭神「建御名方神《タケミナカタノカミ》」の幼い頃の像である。

縄文時代、この地にヒスイの加工が行なわれていたことは先に述べたが、ヒスイは地殻変動による激しい断層活動や造山運動によって鉱物の変性作用が起こり地表付近に出てきたと言われる。それまでヒスイの原石は日本にはなく、外国から手に入れていたとされていたが、姫川の支流小滝川《こたきがわ》の上流で発見され、日本で手に入ることが証明された。同じくその北を流れる青海川《おうみがわ》でもヒスイが採れている。

これらのヒスイは、糸魚川から全国へ行き渡っていたことも明らかで、陸奥《むつ》の国（青森県）「三内《さんない》丸山《まるやま》遺跡」からも多量の遺跡にまじって、糸魚川のヒスイは相当数発見されているという。

日本海に面した未開発の土地に、すでにかなりの力を持った集団があったことが察せられる。

「ヌナカ（ガ）ワ姫」という名は、「糸魚川を流れる『姫川』の

一の宮天津神社拝殿（糸魚川市）

ことで、この地方の女王を意味している」とも言われる。ここでまた「姫川」の名が出てくるが、「いつの頃」「何びとによって」付けられた川の名前であろうか。両者の生い立ちから考えて、「なるほど」と思えそうな話ではある。また、巫女《みこ》であったとも言われるヌナカワ姫は、姫川一帯のヒスイ峡を治めその権益を握っていたと言われる。『古事

奴奈川神社拝殿（糸魚川市）

記』にヌナカワ姫に関する話が載っている（該当箇所を掲載）。

この頃、出雲の国を中心に各地に勢力を伸ばしていた「国つ神」大国主神《オオクニヌシノカミ》は「越《こし》の国」のヌナカワ姫の存在を知り、ヌナカワ姫に、

とほとほし　高志国《こしのくに》に
さかし女《め》を　ありと聞かして
くはし女《め》を　ありと聞こして
さよばひに　ありたたし
よばひに　あり通《かよ》はせ
太刀《たち》が緒《を》も　いまだ解かずて
おすひをも　いまだ解かねば

をとめの　寝《な》すや板戸を
押《お》そぶらひ　わが立たせれば

〔現代訳〕
あの遠い遠い　北陸地方に
賢い気の利《き》いた女が　いるとお聞きになって
きめの細かい美女が　いるとお聞きになって
求婚に幾度も　お出かけになり
求婚に続けて　お通いになると
太刀の緒も　まだ解かないで
襲《おすい》（頭から被る外衣《がいい》）さえ　まだ解かないのに
乙女の　寝ていられる家の板戸を

押しゆさぶって　私が立っていなさると

と求婚する。ヌナカワ姫はいまだ戸をあけず、内から、

八千矛《やちほこ》の　神の命《みこと》
ぬえ草の　女《め》にしあれば
わが心　浦渚《うらす》の鳥ぞ
今こそは　わどりにあらめ
後《のち》は　などりにあらむを
命《いのち》は　な殺せたまひそ

〔現代訳〕
八千矛の　神様よ
なよなよとした　女の身ですので
私の心は　鳥のように殿方を求めています
今は　わがままな鳥でしょうが
後は　あなたの思いどおりの鳥になりましょうから
鳥は　殺さないで下さい

（『新潮日本古典集成』より）

と歌い、やがて二人は結婚する。
大国主神とヌナカワ姫の間に生まれたのが、諏訪大社の御祭神タケミナカタの神である。

このことは『日本書紀』にも記されている。

何と新鮮で生き生きとした二人の「恋の歌」であろうか。何世紀をも経た現在の若者と混同してしまいそうで微笑ましくなる。

ヌナカワ姫はともに出雲に帰ろうと強く求める大国主神に従わず、高志（越）に残る。嫉妬深い大国主神の本妻から逃れるためともあるが、越の国のヒスイを守る責任者としての自覚からとも言われている。

その後ヌナカワ姫は、大国主神の追っ手を逃れ、逃げ惑う。現在も糸魚川や姫川周辺のあちらこちらに、ヌナカワ姫に関係のある場所、例えば、産褥《さんじょく》の地とか、隠れた洞窟などがあるらしいが、これらについては『記紀』（『古事記』『日本書紀』）には見られない。

再び『古事記』に見られるのは、大国主神の「国譲り」のところである。

## 2 諏訪大社　タケミナカタの神

「国つ神」大国主神によって、出雲や周りの国々は治まり繁栄する。

「天《あま》つ神」天照大御神《アマテラスオオミカミ》は、「豊葦原《とよあしはら》の瑞穂《みずほ》の国はあが御子《みこ》の領有支配される国である」と国の統治を示され、高天《たかま》の原から「天つ神」の使者をお降しになった。

二人、三人と使者を出し、七年、八年と月日は過ぎるが、事は成らず、最後に武力に優れた建御雷神《タケミカヅチノカミ》が遣いに発った。

タケミカヅチノカミは出雲の国のイザサの小浜に下り、大国主神と交渉談判をする。

大国主神は、「私はお答えできません。息子の神に聞いて欲しい」と答える。

このことについて、大国主神の一子八重言代主《ヤエコトシロヌシ》は、即、タケミカヅチの申し出を承諾する。他に意見を申すような子がいるかの問いに、大国主神は、建御名方《タケミナカタノ》神《カミ》を示し、この一子以外にはいないと言う。

話を聞いたタケミナカタの神は簡単に承諾せず、「力比べで決着を付けよう」と申し出て、タケミカヅチの手を摑んだ。とたんにタケミカヅチの手は氷柱となり、そして剣となった。タケミカヅチは驚きのあまり後ずさりをするタケミナカタの手を取ると、若葦を摑むがごとく摑んで投げ飛ばした。

タケミナカタは逃げた。逃げるタケミナカタをタケミカヅチはどこまでも追い、信濃の国諏訪湖まで追い詰め殺そうとする。この時タケミナカタは、「今後絶対にこの諏訪の地から離れません、父大国主神や兄ヤエコトシロヌシの言葉に従い、この葦原の中つ国をアマテラスオオミカミの御子の命のままに献上しましょう」と言う。

「国譲り」はこうして終わる。

『日本書紀』の持統天皇五（六九一）年八月の項に「信濃の須波《すは》（中略）神を祭らしむ」とあるので、七世紀の始めには現在の位置に諏訪大社はあったようである。

六世紀に入って大和政権の全国統一が進み、五九二年に三十三代推古《すいこ》天皇が即位する。わが国最初の憲法「十七条の憲法」が六〇四年に制定されている。時は同じく刻まれながら、時代の流れの速さに驚かされる。この時代の日本は、国家としての体裁がかなり整ってきている。

『古事記』は七一二年、太安万侶《おおのやすまろ》によって撰上《せんじょう》され、『日本書紀』はその八年後、舎人親王《とねりしんのう》によって撰上されている。いずれも元明《げんめい》天皇の代であり、『古事記』『日本書紀』はともに日本最古の歴史書とも言われているが、内容は歴史的事実と言い難いものが多いとも言われている。またともに七世紀に作られているが、記述の中には六世紀前から七世紀へかけての事実と推測される内容があるという。『古事記』については稗田阿礼《ひえだのあれ》の諳《そら》んずる伝承された物語を、太安万侶が書き留めたものであると言われる。七世紀初めに撰上されたと言われる『古事記』の中に、ヌナカワ姫の話や国譲りのことがあっても当然のことかもしれない。

大和朝廷は地方の交通網の整備を始めたと、『定本　信州の街道』（黒坂周平・古川貞雄編、郷土出版社、一九九一年）にある。六世紀後半には、信濃を通る中央政府の重要な道があったらしい。塩の道東回りにある「三坂峠《みさかとうげ》」は官道であったと伝わっているので、それかもしれない。

それにしても、タケミナカタの神は諏訪に至るまで何処《いずこ》の道を通ったのであろうか。このことは大変な関心事である。出雲から諏訪までのかなりの距離を歩いたのであろうか。神々の話となると空を飛んで行くといった発想に陥ってしまったが、歩いての移動以外にないわけである。生誕の地であり、母の故郷でもあり、また土地勘のある越の国に入り、北アルプスの麓を駆け抜け、時には立ち止まって自然の中に安らぎを求め、雪山に祈り、また必死になって逃げ延びたのではなかろうか。そんなロマンの湧く故事であり、北アルプスの麓の道である。

## 3　北アルプスに感動しながら歩いた大集団

「糸魚川から松本や諏訪湖まで、はたして徒歩で行ったのだろうか？」、このことは常に頭から離れない問題であった。「あまりにも遠過ぎる」、しかし歩く以外に方法のなかった時代のことである。道はおそらく獣道に等しかったであろうと想像する。

そんな中、北アルプスの麓を通って延々と新潟県の糸魚川から信濃の国安曇野まで歩き通し、その地に安住した一族郎党がいたのである。

坂本博氏著『信濃安曇族の謎を追う──どこから来て、どこへ消えたか──』（近代文芸社、二〇〇七年）の中に、信濃安曇族《しなのあづみぞく》に関しての課題に対する著者独自の調査・考察や推考が縦横無尽に述べられ、納得させられる内容に出会うことがで

きた。著者によると、

「信濃安曇族は筑前《ちくぜん》（九州）糟屋郡阿曇郷《かすやぐんあづみごう》の出身で、ある乱（磐井《いわい》の乱）に敗れ、海路を使って日本海に落ち延び糸魚川を通り姫川を遡って信濃の東北部に入った（なぜ信濃にやってきたのか等については実に詳しく述べられているが、直接関係がないのでここでは取り上げない）」

さらに著者は、

「安曇族が糸魚川を出発して信濃に向かった道は恐らく江戸時代に千国《ちくに》街道とよばれていたものとほとんど同じであろう」

とある。そして、現在親しまれている「塩の道」であろうと述べておられる。

さらに、

「落ち延びた安曇族は数百人という規模であった。彼らが数十人といった小さな規模であれば糸魚川に滞在することも可能であったかもしれない」

とある。この大集団の移動が、あの北アルプスに沿って行進したのである。延々と続く山並みに驚き、時が冬であれば生まれて初めて見る雄大で荘厳な雪山に、南国（福岡）生まれの安曇野族は目を凝らしたであろうことが想像できる。

著者は、この大集団の移動は五世紀の半ば（正確には五百三十年代）と押さえておられる。大和政権の全国統一が進み始めた頃である。専門家は六世紀の半ば頃から七世紀の初めと推測しているようであるが、詳しく読み込んでみると坂本氏の説明に納得させられる。

長い旅を終えた安曇野族はここに定住し、荒れた野山を開墾し安住の地とした。現在の北安曇野郡である（その後の安曇野族については、本文と直接関わり合いがないので取り上げない）。

とにかく今から千五百年ほど前という考えられないような大昔、数百人の足によって現在の塩の道は踏み固められていたのである。当時の道は、塩の道でも

「東回り」と言われている「古道」であったと考えられる。

# 4　今も続く信仰の道

## 薙鎌打《なぎかまう》ちの神事

「旧石器時代、信濃は全国でも有数な旧石器時代人の活躍の舞台であった」（『文化財信濃』）という。長野県中部の北八ヶ岳、霧ケ峰は本州最大の黒曜石《こくようせき》の産地であり、人々も多く住んでいた。タケミナカタの神の留まった諏訪は八ヶ岳に近い。諏訪でもすでに先住民がそれぞれに群れを作り、生活をしていたと思われる。当然そこには、先住民のミシャクジ信仰があったはずである。

その経緯もあってか、諏訪大社の祭神は、出雲系のタケミナカタの神ではなく、ミシャクジなどの諏訪地方の土着の神々であるという説もある。現在は神性が習合・混同されているため、全てミシャクジかタケミナカタの神として扱われていることが多い。諏訪大社の神事や祭祀は、今も土着信仰に関わるものであるという。その中の一つであろうか、諏訪大社には現在も執り行なわれている「薙鎌打ち」と言われる神事がある。

「薙鎌打ち」の神事は、諏訪大社式年《しきねん》造営御柱《おんばしら》大祭の前年に当たる丑年《うしどし》に小倉明神で、未年《ひつじどし》には戸土《とど》境ノ宮《さかいのみや》諏訪社で行なわれている。十二年に一度巡ってくる神事で、場所はともに新潟県との境（かつての国境）に位置し、諏訪明神の神威の及ぶ範囲を示す神事であるという。ミシャクジ信仰で言われる「塞《さい》の神」＝境界の神である。

七年ごとに執り行なわれる諏訪大社の御柱祭りの前年、諏訪から最高職の神官大祝《おおほうり》一行は唐櫃《からびつ》に収めた諏訪明神のシンボル薙鎌を捧持《ほうじ》し、千国古道《ちくにこどう》（東回り）を、戸土境ノ宮（かつての国境）に向かう。古道は大峰《おおみね》峠、地蔵《じぞう》峠、三坂《みさか》峠、鳥《とり》越《ごえ》峠など難所が多く、かなりの距離もあり大変な道程である。

薙鎌は鶏冠のような形をした三十センチほどの鉄片でできていて、鶏とも魚とも明言し難い、神秘さのある不思議な造形らしい（田中欣一著『塩の道　歩けば旅びと　千国街道をゆく』）（信濃毎日新聞社、二〇一二年）。

一行は途中薙鎌の収められた唐櫃を中谷《なかや》大宮《おおみや》諏訪社まで運び、奉告奉献祭の後薙鎌一つを奉納し、一、二日滞在した後、戸土に向かう。

田中氏によると、「神事は神官の装束の神主がはるか遠くの糸魚川の海に向かって拝礼し、御幣が振られ木遣が高らかに奉納される。そのあと諏訪から捧持してきた薙鎌が大祝によってご神木の杉の木に打ち込まれる」という。

この神事は、現在信州の最北端で海の見える戸土の地と仲股《なかまた》の小倉明神で行なわれているが、かつては信州の平岩《ひらいわ》から越後の山口《やまぐち》関所を繋ぐ大網《おあみ》峠にある白池《しらいけ》の中心が信越国境であり、ここに諏訪社の石祠《せきし》と御神木があってこの御神木に薙鎌は打ち込まれていた。

『信濃国郡境記　巻四』には、信越国境論争のことが記されている。この辺《あた》りは越後と信州の畑が入りまじっているため、たえず国境論争が起こっていた。元禄時代の論争に幕府検役が派遣されている。この論争で、捧持《ほうじ》された「薙鎌」と、その神事を証拠に幕府は裁許している。

それからは国境の要《かなめ》に当たる戸土の境の宮と仲股の小倉明神との二か所の神木へ打つようになった。そのような歴史がある神事である。

それにしても、諏訪大社から松本を経て、千国古道を信州の北端まで上り詰める道程は、仲股の小倉明神と交互に六年に一度とは言え徒歩での旅である、大変な苦労が察せられる。

古代から伝承されてきたこの神事も明治初年以来途絶えていたようであるが、昭和十八年復活され今に至っている。

諏訪大社の七年ごとに行なわれている式念祭「御柱祭」は有名で、日本三大奇祭の一つとも言われている。県指定の無形民俗文化財となっている。

## 諏訪信仰

諏訪大社は、信濃国一ノ宮で、全国に二万五千社あると言われる諏訪神社の総本社である。

「薙鎌」は諏訪神社の象徴であり、各地に諏訪神社を分霊する時に本社より「寄付する」と言われている。

諏訪神社（諏訪社）は、「お諏訪さま」と親しまれて長野県には多いが、中でも北辺は目立って多い。地図で千国街道を辿ると、点々と諏訪神社が祀られているのに驚かされる。中には現在も住民によって祭礼が催されている社もあり、阿原諏訪神社の祭礼では花提灯が立ち並び、地元の少年によって踊りが奉納されている。また薙鎌神事で大祝一行の滞在する中谷大宮諏訪社の祭典では、奴踊《やっこおど》りなどが奉納され多くの観客で賑わう。その他それぞれの諏訪社では、地元の特色を持ちながら家族和合と健康を願う祈りの日々が続いている。

「塩の道」と言われる千国街道は、まさに諏訪信仰の道とも言えるのではなかろうか。

霧《きり》降《ふり》宮《のみや》切《きり》久《く》保《ぼ》諏訪神社（白馬村北城切久保）

霜《しも》降《ふり》宮《のみや》細《ほそ》野《の》諏訪神社（白馬村北城八方）

また、千国街道を歩いて目にするのは石仏の多いことである。千国街道全体が穏やかでしっとりとした祈りに覆われている感がする。三十三観音、百体観音、馬頭《ばとう》観音、大日如来など、それらの石仏が路傍のあちこちに祀られていて、人々に語りかける。その中にあって特に多いのが道祖神《どうそじん》である。安曇野だけでも千体近くあると言われる。

道祖神は塞の神とも言われ、悪霊などが入り込むのを防ぐために、道路の辻や村境、峠などに奉祀された。普通石塔状の塚や小さな祠であるが、ここでは男女二神和合の形をよく見かける。境界を固めるためには、男女円満の姿を示すことで邪悪者をしりごみさせると考えられてきた。後には縁結び、安産、子どもの守り、五穀豊穣など、いろいろな願いを聞き届けていただくようになった。

諏訪、松本市、安曇野一帯の彫像は素晴らしいと言われている。

道祖神の祭りは、正月の十四、十五日頃に行なわれることが多い。

南小谷の宮本《みやもと》の道祖神では、おんべ焼きをする雪の祭壇に、一月十五日の晩にお供えをし、翌日そこへ拝みに行く。お供をする人は、若い青年、村娘、学童とのこと。小谷地方ではこのような行事が盛んであった。

# 第3章

## 歴史を語る道　千国《ちくに》街道

## *1* 陸海物資の行き交った道

動物は、水を求めて移動し安住の地を求めて定住する。信州の東北部に住む人々の中には、古代糸魚川市から信州へと遡上する姫川の流れを追って信州の奥深くに入り、住み込み、やがて集落を作っていった人々も多いのではなかろうか。であるとすれば、一級河川姫川は「母なる川」とも言える大きな存在である。

北アルプスと並んで続く姫川、そして道。千国街道は、信州の松本城下と越後の糸魚川とを結ぶ、約三十里（約一二〇キロ）余りの道である。

日本海側と小谷村や大町市を経て信州の内陸部とを結ぶこの道は、建武三（一三三六・鎌倉時代）年の記録にあるから、かなり歴史の古い道である。名称については、経過する地名や宿場の名をとって「仁科《にしな》街道」とか「大町街道」とか「松本街道」「糸魚川街道」などとも呼ばれていたが、やがて松本藩の口留番所《くちどめばんしょ》が設けられてからは宿場の名を取って「千国街道」と呼ばれることが多かったという。

山国の松本城下からでは海辺に出る最も近いところは、越後の糸魚川である。時間の軽減のみでなく、輸送にかかる経費の面からも好適な道であったようで、そのため江戸時代の松本領内では、陸海物資の輸送路として千国街道に依存することが多かった。この頃から信越交流はいっそう盛んになり、最盛期に入っている。

松本領内で生産された物資を糸魚川から船便で西日本方面に移出し、また上方を始め西日本や北は北海道までの日本海沿岸で生産された海産物などいろいろな物資を領内に運び込んだ。物資輸送の上からは松本領内の人々にとって最も重要な街道であり、領民の生活を維持するのに必要な道であった。
千国口留番所での「荷物運上取立て」によると、
松本からの、
・出荷（下り荷）には、麻、たばこ、木製品、大豆、麻布、笠。
・入荷（上り荷）には、塩、魚、木綿、金物、漆器、茶、薬、まゆ玉、太物。
とあり、量が多くて一日百駄（「駄」は馬か牛一頭に背負わせる分量）とも伝えられている。

この道は、殿様や武士などが往来するための道ではなく、あくまでも物資運搬のための道であり、素朴な庶民の生活のための道であった。時折往来する行商の旅人や旅芸人などの醸し出す空気や会話は、街道に潤いをもたらせたであろうと察せられる。

当時松本藩に塩や海産物を運ぶことのできる「道」は、千国街道のみではなかった。甲州街道や三州《さんしゅう》街道（長野県伊那市《いなし》・同塩尻市《しおじりし》など方面）もあった。しかし江戸時代、松本藩は、軍事上の理由や租税徴収等の理由から、塩荷については松本藩の経済政策として千国街道経由の地塩だけを移入したのである。

千国街道は一名「塩の道」とも言われるが、それほど塩の行き来は激しく、内陸地信州では食品保存に塩は欠かせなかったのである。その一例として、徳川時代この地の領主であった松本藩の殿様が、小谷の住民にわらびの漬け物の供出を命じたその内容を、『北アルプス小谷ものがたり』（尾澤健造・杉本好文・降旗和夫・高橋忠治著、信濃路、一九七五年）によって知ることができる。

享保十九（一七三四・江戸時代）年の文書

十三桶　内訳　大桶三　中桶八　小桶二

大桶は四斗樽　中桶は二斗樽　小桶は一斗半樽

中桶一個に漬け込む「わらびとり」の人足は、八十人余りが割り当てられている。十三桶で、採り手の他に洗い手、漬け手まで含めると、千二百三十七人余りの人手が必要であり、年中行事として村人に動員がかかっていた、とある。

冬季の長い小谷村では、冬季の食料保存のための塩は貴重品であったわけである。

瀬戸内海の塩は、下関周りの舟（北前船）に積まれ、北回りをして糸魚川に陸揚げされた。船着場には、松本藩の物資を取り扱う信州の問屋が並んでいた。糸魚川の町は、千国街道によって松本領と結び発展したのである。問屋を経由して松本領に入った物資は、小谷村の千国口留番所で関税に相当する運上塩を納めてから運ばれる仕組みになっていた。

一二〇キロの街道を往き来する物資は、牛・馬・人の背によって運ばれた。「荷物の運搬（牛方）には道（街道）の農民があたった。大町から糸魚川の間の村々は耕地が少ないうえ、冬季がながく、農業による収入に限りがあるため農閑期を利用して荷物の運搬を受けたのであろう。農民にとって貴重な現金収入であった。

農耕馬や農耕牛として飼育していた馬や牛を使い、農家の副業として始まった塩や荷物の運搬であったが、やがて専門化していった。村落に住みながら遠距離の輸送を請け負うものが現れた」（大町・塩の道ちょうじや〈旧塩の道博物館〉）とある。

宝暦十三（一七六三・江戸時代）年の、千国街道の牛馬稼ぎについて大町組から幕府役人への報告によると、

北半部　山道に強い牛が多用

牛を扱う牛士（牛ジ）は一人で二、三疋《ぴき》から五、六疋までの牛を追っている。人が背負って運ぶ方法をボッカ荷といい、北部山間地でみられた。

南半部　平坦地のため牛と馬で運び、馬は古くから一人の馬士は二疋以外追ったことがない。

新鮮な魚介類を運ぶ時は、「ボッカ」（歩荷《ぼっか》）と呼ばれる人たちが当たった。「ボッカは通常、十二貫～十六貫（約六十キロ）もある荷物を背負いゴンゾと呼ばれる藁の靴を履きカンジキを足に結び付けて、杖をつきながら雪深い山道を越えました」

と、同じく大町・塩の道ちょうじや（旧塩の道博物館）の展示資料にある。

「塩の道」の一二〇キロは、東京から三島までの距離である。重い荷物を背負った牛方《うしかた》や牛馬の旅は何日間くらいかかっていたのだろうかと案じたが、多くは一人の牛方が通して運ぶのではなく、宿場ごとに受け継がれていたようである。宿場を松本から辿っていくと、

・松本宿（長野県松本市）

・成相新田宿《なりあいしんでん》（長野県安曇野市）　松本藩が設けた宿

・保高宿《ほたか》（長野県安曇野市）　戦国時

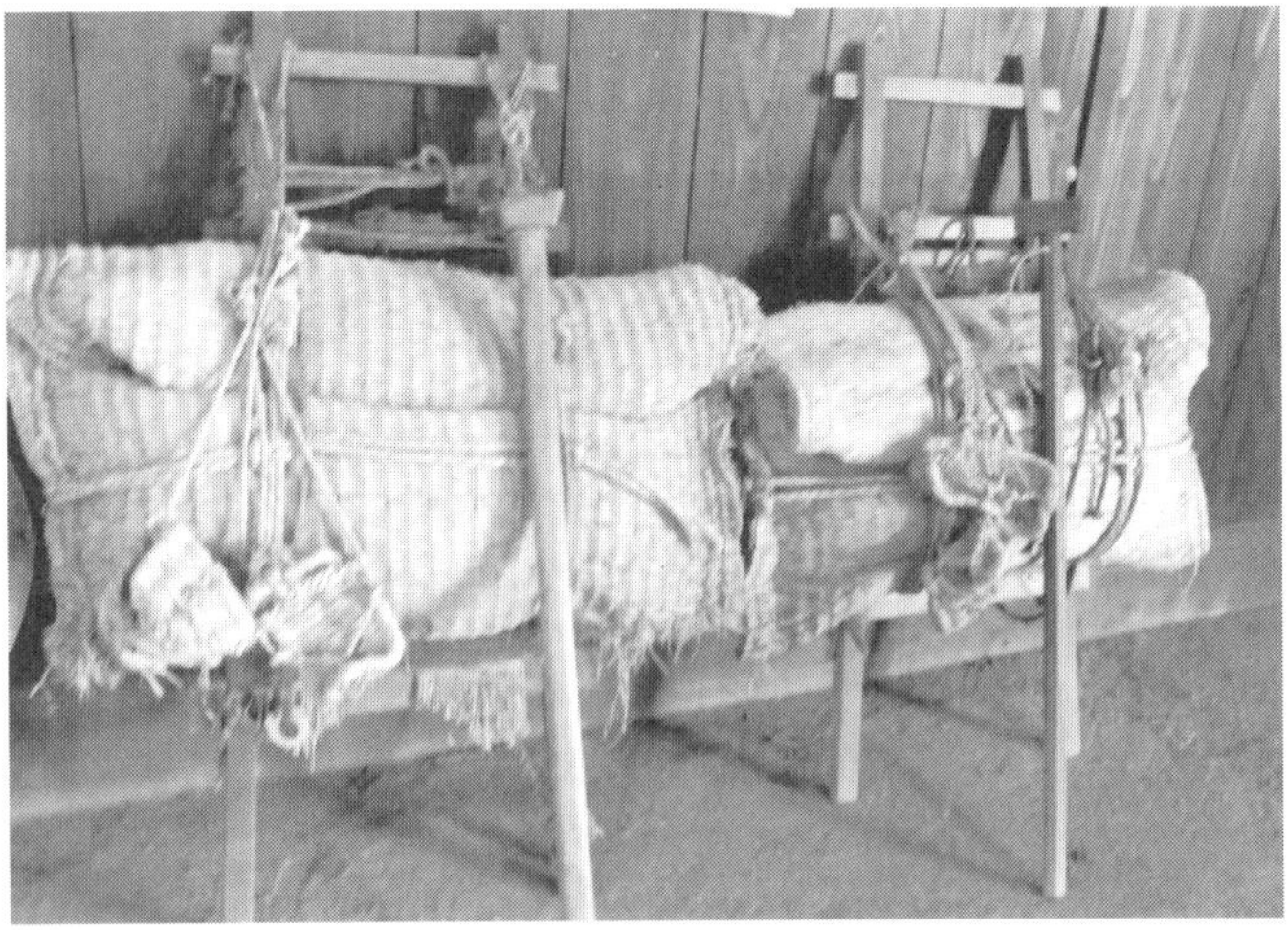

ボッカの背負った荷物（千国口留番所展示）

代以来の宿場町

・池田宿《いけだ》（長野県池田町）　池田組三十三ヶ村の中心地

・大町宿（長野県大町市）　千国道の鍵を握る問屋の町

・海ノ口宿《うみのくち》（長野県大町市）　この辺りは鎌倉時代に豪族仁科氏が治めたところで、仁科の里と呼ばれる。

・沢渡《さわど》・佐野宿《さの》（長野県白馬村）　江戸時代初期に発展した集落

・飯田《いいだ》・飯森宿《いいもり》（長野県白馬村）　中古千国荘の中心地

・塩島新田宿《しおじましんでん》（長野県白馬村）　多雪地帯の新しい宿

・千国宿《ちくに》（長野県小谷村）　口留番所のある要衝の地

・来馬宿《くるま》（長野県小谷村）　山崩れで失われた宿

・大網宿《おあみ》（長野県小谷村）　千国道・信越国境の宿

・山口宿《やまぐち》（新潟県糸魚川市）

・糸魚川宿（新潟県糸魚川市）

とある。

かつては、二十ヶ所の宿場が連なっていたようである。

宿場はほとんどが宿場周辺地域の物資の集散地であり、中世以前から地域の中心として発達してきた。物資輸送を中心においての宿場であったので「荷宿」と呼んだり、荷物を隣接する宿場間で継《つ》なぎ、送る仕事をしたので「荷継宿」とも呼んだりした。

宿場の間隔は、松本〜千国街道のほぼ中間にある海ノ口（木崎湖）までは間隔は開いているが、海ノ口を過ぎると起伏の大きい山間地となり、多雪地帯の経過となるので、物資輸送の難易を考慮して宿場の間隔が短く設置された。このことは、千国街道の宿場を地図で押さえてみると実に良く分かる。宿場は周辺地域の物資の集散地であり地域の中心地であったので人々は集まり、牛方たちの話は弾み、村人は話に興じることもあったであろう。

山道や峠の厳しいところでは、馬より牛のほうが役に立ったらしい。夕方遅く山路を越えると、山犬が何頭も後を付けてくる。こんな時、馬は恐ろしがって跳ね回るが、牛は荷綱を切ると敏捷に山犬の集団に角を突っかけ、放るという。牛を六頭も連れていると安心であった。

何と言っても、牛方や牛馬にとっての最大の苦難は、雪深い冬季である。膝まで浸かる雪の中、時には胸まで浸かる雪の中、道なき道を吹雪に吹き叩かれ進む峠道は、想像できないほどの困難と恐怖であったであろう。足を踏み外せば地獄である。まさに祈りの道であった。

牛方にとって牛馬は運命共同体であったのである。疲れた牛馬のための「牛つなぎ石」や岩盤を彫って造った牛馬の水のみ場など、牛方のやさしい心遣いが今も街道にいくつも残っている。疲労のため死んだ牛馬は手厚く葬られた。街道のあちこちで馬頭観音を拝するのは、悲壮な別れがあった場所であろうか。牛については、「大日如来となっている」と本で読んだ記憶があるが、確かめができていない。街道に並ぶ石仏群の中に確かに大日如来の石碑も見かけたが、どのような最期であったのだろうか、胸が痛む。宿場では牛方の寝起き部屋と牛馬の小屋も確保され、大事に扱われていた。

塩の運搬であるため、「宿場の造りは一切鉄を使わない」。釘が使われていなかった。塩から垂れ落ちる「にがり」を溜めるための工夫（塩倉〈蔵〉）もあったようである。

江戸時代中期になると、禁止されていた南塩《なんえん》、東塩《とうえん》が松本領内に出回るようになり、松本藩はついに安永六（一七七七）年、「御領分中より金二百両差上候得心　南塩　江戸塩（東塩）かつて次第御免」の緩和策を取るようになった。交易の縮小とともに宿場は寂《さび》れ、宿場ごとにあった「牛方宿」も一つ二つと姿を消し、現在唯一、千国街道（小谷）に昔のままに残されている「牛方宿」と大網峠（小谷）から移築された「塩蔵《しおぐら》」を見ることができる。

白馬から北へ向かう「千国街道」は、姫川沿いを避け山間部に造られていた。姫川から受ける被害を避け、やがてできた道であったのであろうか。

明治八（一八七五）年の筑摩県の布達に、「山腹河岸ニ開通スル諸道路線、風雨雪霜等ノタメヤヤモスレバ崩壊荒□《欠落》ニ属シ、従来陸路ノ通運頗ル便ナラズ」と示され、将来車馬の通運などの便を盛んにするための改修が取り上げられた。

車道が整備されるに従い「千国街道」は、「生活道」としての役割を徐々に終えたのである。
明治元年（一八六八）年、糸魚川藩は塩専売権を撤廃している。

## 2 甦った千国街道

翌年（二〇一三年）、三月に入って間もなくの頃、白馬にお住まいの先輩が田中欣一氏の著書『塩の道　歩けば旅びと　千国街道をゆく』を送ってくださった。千国街道を歩いてみようと思い立ったのは、豊富な写真を目にしてである。歳も忘れ松本から糸魚川まで歩きたい、少なくとも大町から糸魚川間の千国街道はできる限り歩いてみる。そんな気持ちを湧き立たせるものがこの本にあった。

この書には、松本から糸魚川までの「塩の道」コースが地図に克明に記《しる》され、歩くコースごとの時間の設定まで示されてあった。その中に、平成二十四（二〇一二）年で「三十三年」になると言う「塩の道祭り」の紹介と写真があった。旅人やボッカに変装した人たちや家族連れ、親子連れの歩く山道や峠の道。かつての物資輸送路「塩の道」のいくつかの区間は、「塩の道祭り」となって地域に甦り、近郊の多くの人々に親しまれていたのである。

毎年五月三日から五日までの連休がその実施日であるという。小谷村観光連盟に連絡すると、すぐにパンフレットを送ってもらえた。

後日の、「塩の道祭り」の初参加は、千国街道を歩くことによって千国街道挑戦への意欲がいっそう昂揚したのであった。

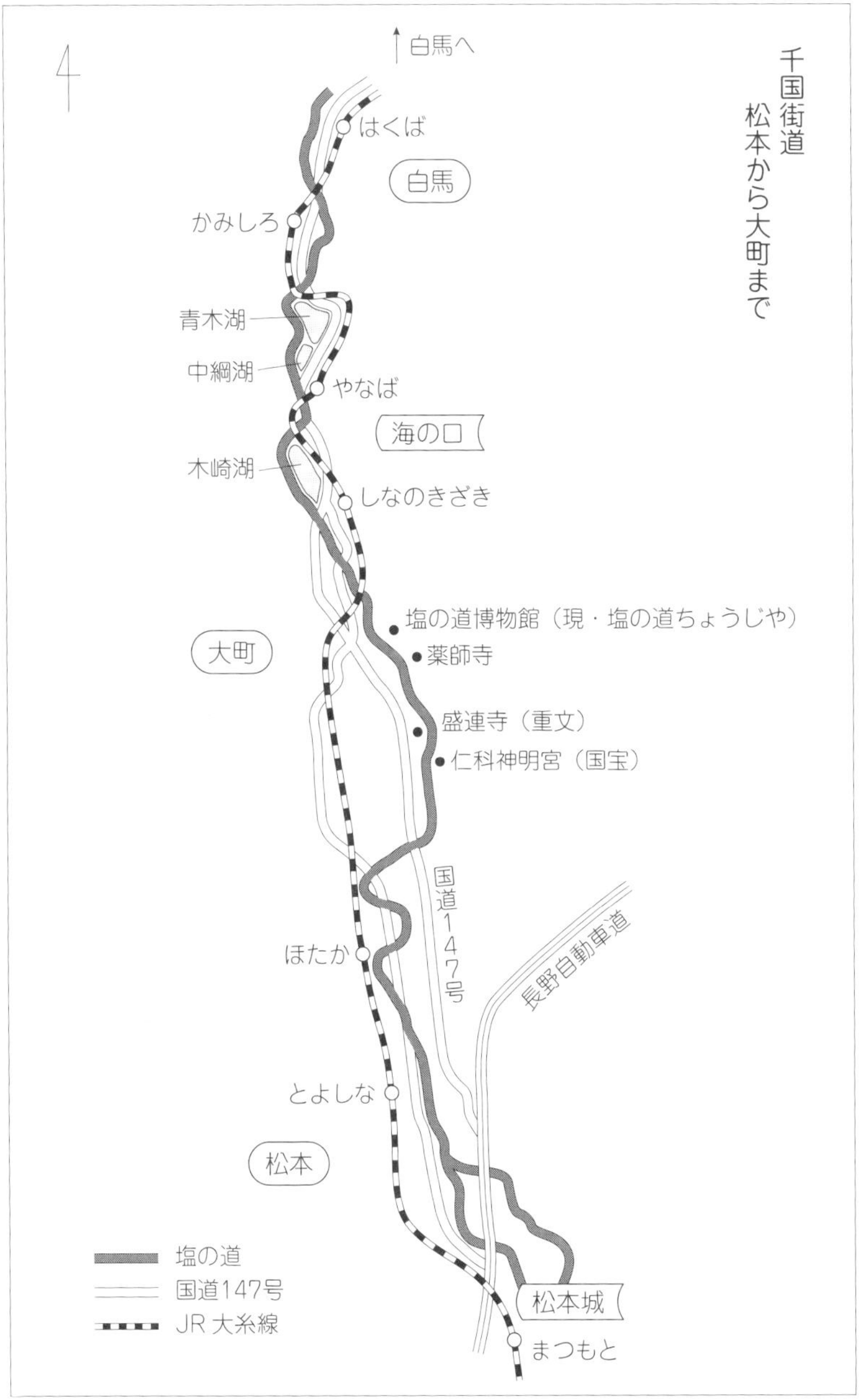
千国街道
松本から大町まで
白馬へ
はくば
白馬
かみしろ
青木湖
中綱湖
やなば
海の口
木崎湖
しなのきざき
塩の道博物館（現・塩の道ちょうじや）
大町
薬師寺
盛蓮寺（重文）
仁科神明宮（国宝）
国道147号
長野自動車道
ほたか
とよしな
松本
松本城
まつもと
塩の道
国道147号
JR 大糸線

## 塩の道の発着点「松本」

市街化した広大な松本市の現在から、古い道を見付けることは至難の業《わざ》である。田中欣一氏は著書『塩の道歩けば旅びと　千国街道をゆく』の中で「街中に残る古《いにしえ》」を紹介している。松本に残る古の史跡を調査され、国宝松本城に近く本町《ほんまち》通りにある「牛つなぎ石」を「塩の道」歩きの出発点として押さえられ、千国街道を展開されて

深志神社

おられる。

「牛つなぎ石」の東方に当たる位置にある深志《ふかし》神社を訪ねた。この神社には遠い昔、信越の交流があったことを物語る遺跡があり、玉垣の中に糸魚川の商人たちが寄進したものが現存していると知った。神社を取り巻く外側の玉垣の中にはなく、社務所のご好意で奥殿を囲む玉垣を拝観させていただき、「越後国糸魚川町　四十物商中」と刻された玉垣を目にすることができた。「四十物《あいもの》」とは「相物」「間物」とも書かれ、干魚、塩魚類の総称であり、玉垣は糸魚川の四十物商人による寄進である。信越にとって交流がいかに大事なものであったか想像することができる。

国宝松本城近くにある【牛つなぎ石】を目にする。紙垂《しで》がなければ見落としそうな小さな石が路傍に鎮座している。ひと休みの際、牛や馬を繋いだ石で、千国街道と言われた「塩の道」には牛馬を休ませるためのいろいろな「つなぎ石」が

深志神社奥殿を囲む玉垣
中央が糸魚川の四十物商の寄進

牛つなぎ石（松本市中央２丁目）

あった。松本市内にあるこの「牛つなぎ石」は、信州の代表格らしい。近くに「千国街道・野麦街道の発着点」と書かれた石標がある。

市街地の中での古道を地図から探すと、千国街道と言われた古道は「牛つなぎ石」から広く左右に分かれ、安曇野市豊科からは一路となりしばらく国道一四七号線と重なり、すぐに国道から離れる。ここで並ぶように糸魚川に向かって北進するのは、大糸線と国道一四七号線、千国街道、高瀬川の四本である。

松本駅から大糸線を利用し、北上する。

大糸線南豊科駅を過ぎた頃から、左手車窓に北アルプスの連峰が見えてくる。

## いざないの道「大町」

千国街道の鍵を握る問屋のあった町で「大町宿」があった。松本領分中、最も遠隔の地にあった大町組や千国街道支配の要であったところである。

「塩の道祭り」三日目のコース「大町市塩の道祭り」に参加した。「湖畔を歩くコース」と「文化にふれるコース」の二手に分かれる。「文化にふれるコース」は、仁科神明宮で出発式が行なわれた。

【仁科神明宮《にしなしんめいぐう》】宮司の説明によると、「豪族仁科氏が鎮守として伊勢神宮から勧請し鎮守した。鳥居・本殿の配置は伊勢神宮に倣《なら》っている」と言う。静寂な境内を進むと、林立する大木を通して拝する本殿一帯の建造物は国宝に指定されている。仁科氏の権力の偉大さを物語っていると言えよう。

神明宮からすぐに塩の道に入る。道幅もあり舗装された道で歩きやすい。すぐに左手前方に、北アルプスの連峰が目に入る。雪を覆った山々は遠く、空との稜線は言葉にならないほど美しい。畏敬の念に駆られるというのであろうか、立ち止まって見入ってしまう。山々の姿は、民家の屋根越しにどこまでも続く。この道は、牛や馬を手綱に牛方は穏やかで、満ち足りた気分で次の宿を目指したであろう。すれ違いざまの明るい声が響いてくるようである。

後で知ったことであるが、この区間は「北アルプス表銀座」と言われているらしい。さすが歩きが止まったはずである。餓鬼岳《がきだけ》か大凪山《おおなぎやま》らしいが山を見定めるのはむつかしい。

撮影に失敗してしまったが、美しい遠景は目を閉じると今も鮮明に思い出せる。

　塩の道から左へ下ると、仁科氏の祈願寺であった【盛蓮寺《じょうれんじ》観音堂《かんのんどう》】がある。仁科氏滅亡後この地に移された。国の重要文化財に指定されている。境内で村人の接待を受けた。三日間の「塩の道祭り」には、どこにも村人の接待があるらしい。

　町の中心部から遠く離れている閑静なこの地に点在する国宝や文化財は、仁科氏の権勢を物語っていると言えよう。

　ここから大町までは田んぼの広がる穏

丹生子石仏群

やかな道で、民家が点在し、所どころにバス停もあり、すぐ近く県道もあり、同じくバス停もある。今では交通も便利な豊かに見える集落であるが、この集落からもかつては副業として牛馬や牛方が出ていたのであろうか。昔のことを想像させる長閑《のどか》な道である。やがて、右手に石仏を見かける。【丹生子石仏群《にゅうのみせきぶつぐん》】である。彫の深い仏像でどれも美しい。中でも俵に乗った大黒様は一際《ひときわ》目立つ像である。

塩の道博物館（現・塩の道ちょうじや）

【塩の道博物館】（現「塩の道ちょうじゃ」）千国街道に沿っている百三十年を経る建物。江戸時代庄屋を営んだ平林家で、江戸時代初期は麻問屋。後期は塩問屋を営み、その後味噌・醤油の量り売りを営んだ。一階・二階いっぱいに塩の道関係の資料が展示されていて、塩の道について多くを知ることができる。古くは千国口留番所（後出）で徴収した運上塩をここに運び入れて保管したという塩

塩の道博物館（現・塩の道ちょうじゃ）の塩蔵

蔵、にがりの貯蔵槽なども見学でき、往時の繁栄を想像することができる。
塩の道博物館が今日の終点。ボッカ汁をいただき解散となる。

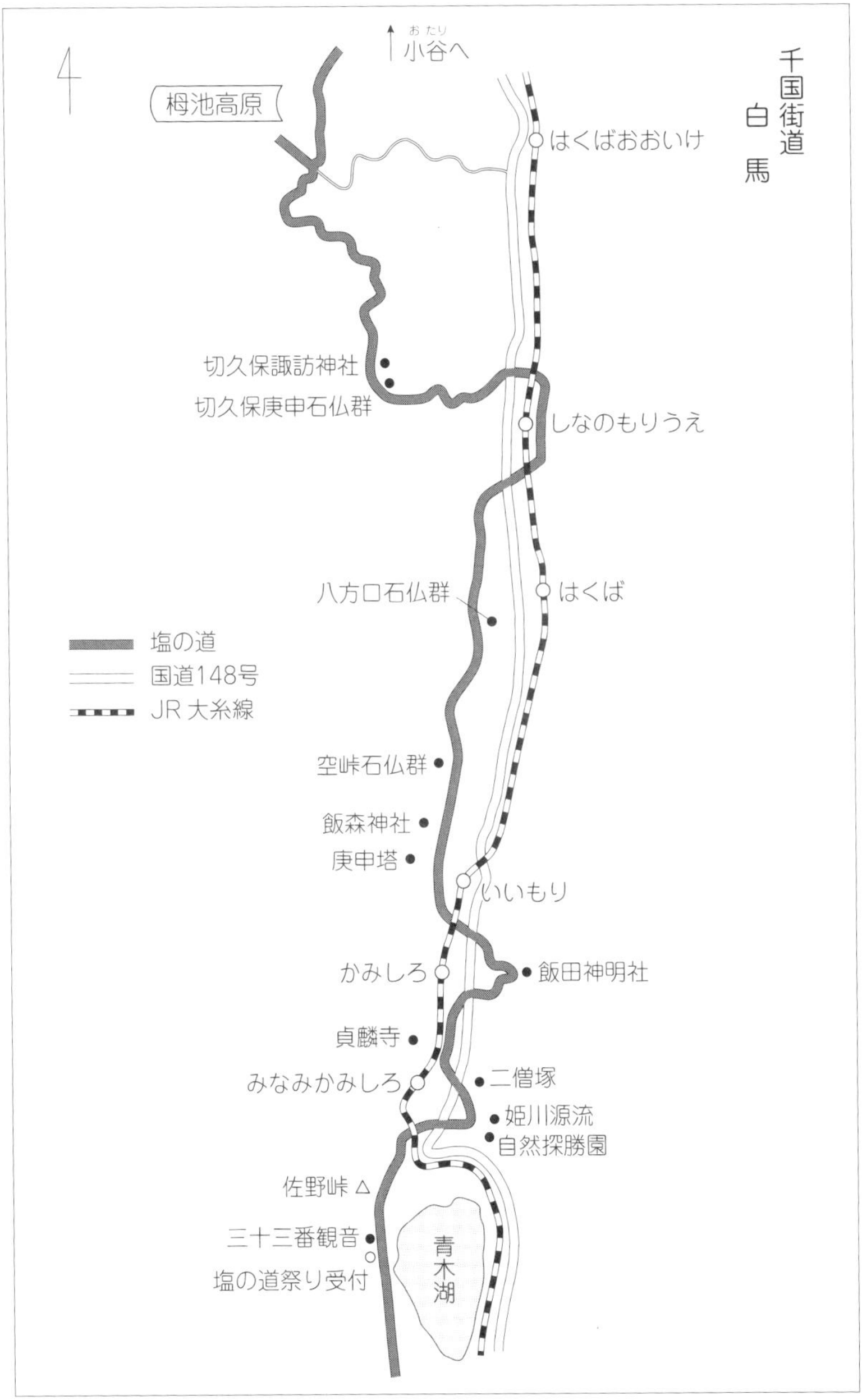
4
千国街道
白馬
小谷《おたり》へ
栂池高原
はくばおおいけ
切久保諏訪神社
切久保庚申石仏群
しなのもりうえ
八方口石仏群
はくば
塩の道
国道148号
JR 大糸線
空峠石仏群
飯森神社
庚申塔
いいもり
かみしろ
飯田神明社
貞麟寺
みなみかみしろ
二僧塚
姫川源流
自然探勝園
佐野峠
三十三番観音
塩の道祭り受付
青木湖

## 荘厳の道「白馬」

山はなぜ人の心を惹《ひ》き付けるのであろうか。山は好きであったが、白い雪山の連峰に惹き付けられるようになったのはここ十年ほどである。三年続けて中央アジアのキルギスを訪れたのも、用事の他に雪山の連峰に再会したいがためであった。

白い山々の連峰を見ると、身が引き締まり心が洗われる。心から美しいと思う。そして畏敬の念に満たされ、謙虚になる。先輩からいただいた絵葉書の白馬三山に惹かれ三年前（二〇一一年）の九月、白馬三山を目の当たりにすることができた。

「塩の道祭り」二日目は、白馬歴史の道コースを歩く。期待のコースである。

旧青木湖スキー場駐車場から出発する。いよいよ【佐野坂峠《さのさかとうげ》】にかかる。ここは、大町市と白馬村との分水嶺である。見事な杉やブナの木が林立し、しっとりとした感じの坂道でかなり道幅がある。路傍のブナの木立のあちこちに石像が点在している。高遠の石工によって刻されたと言われる佐野坂四国三十三番観音である。坂を下りながら時々目にする観音様は、旅人を見守っているように微笑んでいるように見える。

日中でさえ薄暗く感じる長い峠道である。外灯などあろうはずもない当時の峠道で、夜になってしまうことが起きてしまったら、牛方一行はどうしたのだろうか。山犬の襲来には打って付けの場所である。

「山犬の襲来や、雪崩れや地すべりなどで牛方一行を苦しめた峠や山道は、こんなもんじゃないよ！」

そんな声も聞こえてくる。

佐野坂峠

現実に戻り前方を見ると、乳母車の家族が笑いながら参加していた。ちょんまげ頭に武士の衣服を着け、刀を腰に差した外国人には思わず吹き出してしまった。かなり長い佐野坂であったが、いろいろな思いに浸される心和める道であった。

海ノ口（木崎湖《きざきこ》）辺りから千国街道は積雪の多い道程となるため、宿場間が狭まってきているとあったが、佐野宿に次ぎすぐに沢渡宿があった。ここは江戸時代初期の頃に発展したという。

このエリアの街道は、大糸線、一四八号線、姫川と並び、時に離れ北進している平坦な道であるが、沢渡宿から割と近くに飯田、飯森宿があり、かつては千国荘の中心地であったという。現在では観光地となっている。

【姫川源流】　佐野坂を下り国道を越えて五分ほどの森の中にあった。普通は源流を訪ねるのにはかなりの時間と苦労を伴うが、こんな近くに源流を目にすることができることに驚かされる。

この湧き水は日本百名水の一つで、ここから信州北部を縦断し、越後の糸魚川市を経て日本海に注いでいる。全長五八キロあるらしい。また平均勾配が百分の一三という急流で、たびたび洪水を起こした川であるという。

本州の中央部を横断する重要な構造線フォッサマグナの西縁が姫川にほぼ沿っているとあったが、北アルプスから流れ落ちる左岸の支流の流れと、右岸の山々から流れ落ちる支流を一手に抱え込むす

姫川の流れ（上流）

ごい川である。「暴れ川」の異名も頷ける。そして、明治四十四（一九一一）年に発生した「稗田山崩れ《ひえだやま》」の惨事を思い出した。この崩れは、「日本三大崩れ」とも言われるほど被害が大きかった。現在の澄み切った水が湧き出ている静かな佇まいからはとても信じられない。

春は水辺に可憐なミズバショウの花が見られるらしい。一帯に親海湿原《およみしつげん》が広がり、左手は木製チップを敷き詰めた木陰の道を行く遊歩道となっている。溢れ出る姫川の流れに沿って道に出る。農道を少し広めたような道端。早春を告げるかのように草が小さな芽を出している。信州の五月の始めである。目を転ずると、広々と広がる田園のはるか彼方《かなた》に北アルプスの連峰が見える。絵に描いたような素晴らしい風景が広がる。五龍岳《ごりゅうだけ》らしい。

橋の上から見る姫川の流れは穏やかで、暴れ川になるなど考えられない。

【二僧塚《にそうづか》】（白馬村佐野《さの》）国道に出る手前右左手に建つ立派な塚で、次のような西行伝説がある。

西行法師が千国街道を北をさしてこられた。佐野坂を越え四ヶ庄（現白馬村）に下ると日はとっぷりと暮れた。西の庵に一夜の宿を乞うたところ「体の具合が悪く、ご接待できかねる…東の庵で…」とのこと。東の庵を訪ねてみると庵主は、囲いの囲炉裏で息絶えていた。法師は西の庵主に知らせようと急ぎ来てみると、その庵主も亡くなっていた…。

二僧塚

西行法師は村人に知らせ、二人の僧をあつく弔った。
二僧塚には大町の学僧の撰文によって立派な伝説の由来碑が建てられている。

（田中欣一著『塩の道　歩けば旅びと　千国街道をゆく』から）

【貞麟寺《ていりんじ》】　仁科氏の支族の母貞麟尼の開基。境内の枝垂桜《しだれざくら》は、樹齢四百年を超えるという。

桜の季節には見事であろうと思う。村の天然記念物。

【飯田の神明社】　貞麟寺から平坦な道を神城《かみしろ》駅に向かって進む。この辺りは、千国街道、大糸線、国道、姫川が並ぶように北進している。辺り一面田園が広がり、左手遠く森の果てに北アルプスの山並みが続く。これも五龍岳だろうか。ここからも白馬三山は見えるという。白馬三山については見れば分かると自負していたが、方角が違うと、どの山も同じになってしまう。満足の道行きである。飯田庚申石仏群を拝する。

　ここまでの街道沿いには沢渡《さわんど》南原石仏群や沢渡北原石仏群、犬川端《いぬかわはし》の庚申塔など何と石仏群の多いことか。白馬駅に至る街道に沿って、飯森神社、空峠《そらとうげ》石仏群、八方口《はっぽうぐち》薬師堂石仏群、切久保《きりくぼ》庚申塚石仏群と続く。土地の人々の信仰の深さを思う道である。

　かつては多雪地帯の対応として、飯田・飯森宿から千国宿までの間に新しい

飯森神社近くの街道に沿って建つ庚申塔

宿、塩島新田宿があったようである。

飯森神社

切久保庚申塚石仏群

空峠石仏群

八方口薬師堂石仏群

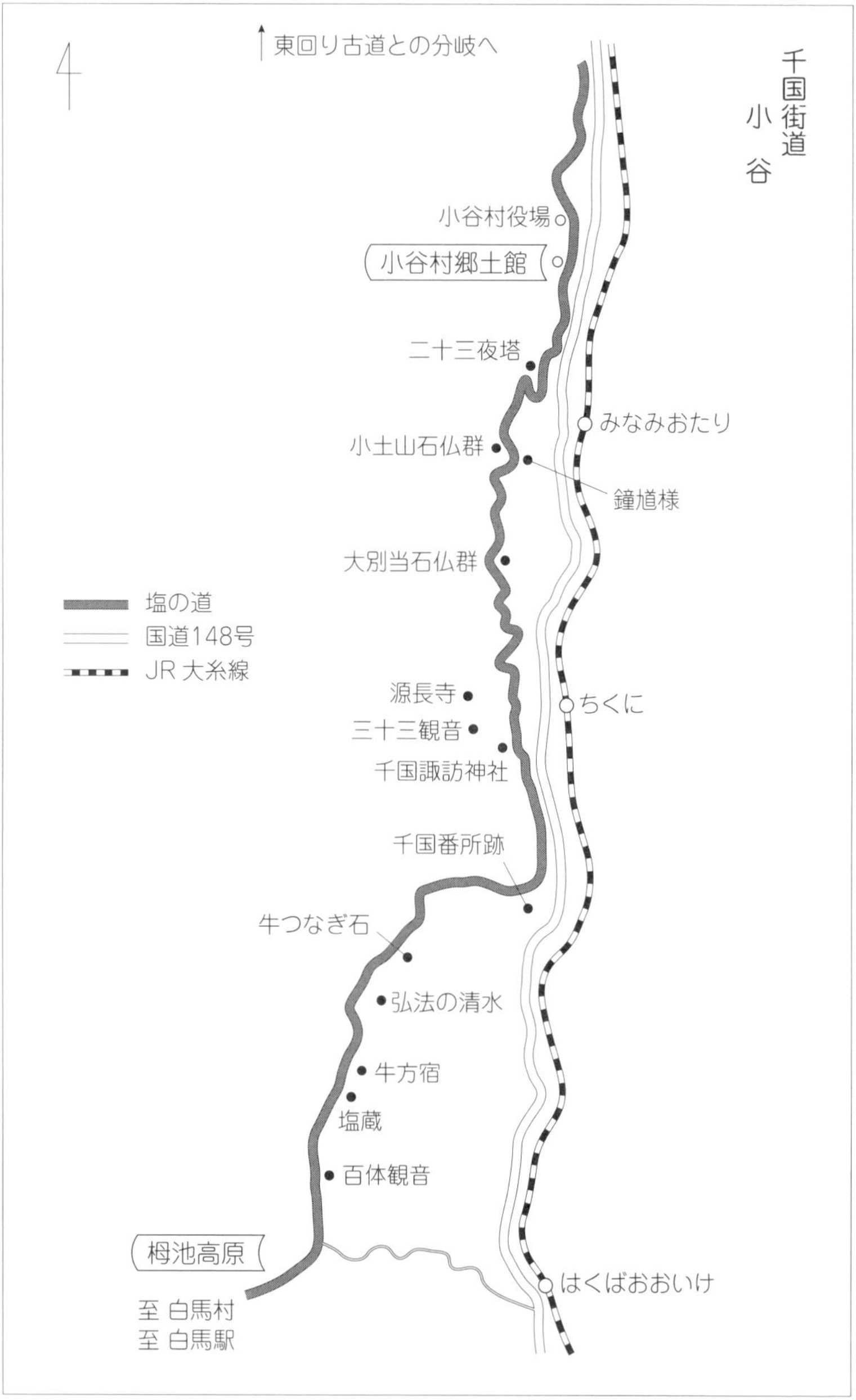
4
東回り古道との分岐へ
千国街道
小谷
小谷村役場
小谷村郷土館
二十三夜塔
みなみおたり
小土山石仏群
鍾馗様
大別当石仏群
塩の道
国道148号
JR 大糸線
源長寺
ちくに
三十三観音
千国諏訪神社
千国番所跡
牛つなぎ石
弘法の清水
牛方宿
塩蔵
百体観音
栂池高原
はくばおおいけ
至 白馬村
至 白馬駅

## 古道のほとりに石仏や遺跡の多く残る道「小谷」

南小谷駅の北方、下里瀬《くだりせ》の宿舎近くが受付場になっていてボッカ隊はここから出発する。「塩の道祭り」一日目のコースである。

南小谷から白馬に向かっての道程となる。

古道の多く残っているこのコースは、仮装姿の参加者も多い。さすが古道と思う間もなく坂道を登り始めた。坂ではあるが、緩やかで高い木立の山道を登って行く。荷物を背負った旅人や脚絆《きゃはん》、手甲《てっこう》の若い娘さんが次々と抜いて行く。

【虫尾《むしお》阿弥陀仏】　薬師堂とのこと。形の整った堂で、狭い境内に供養塔や庚申塔が並ぶ。大勢の旅人が、土地の人のふるまい（接待）を受けながら休んでいた。ここから小谷村郷土館までの道は細い田んぼ道で、あちこちに民家が見える

塩の道祭り「千国」出発点

塩の道を歩く

長閑《のどか》な道である。満開のラッパ水仙に、土地の人たちの温かいこころ配りが伝わってくる。小谷村郷土博物館は国道沿いにある。館の裏手から急坂となり三夜坂を上る。上部は数段の階段となっていたが、牛方や牛や馬が難儀をしたと言われる場所である。この坂では、雪では前に進めなかったであろうし、下りではすべって苦労が大きかったであろう。石段を上り詰めたところに石仏があった。何事かあったのだろうか。

「塩の道祭り」では、小谷がもっとも多

虫尾阿弥陀仏

く古道が残っているという。確かに山里の道であり、遺跡を目にすることができる。上り下りの道を進むと路傍に一列に石仏が並んでいる。小土山《こづちやま》の石仏群である。庚申塔、道祖神、二十三夜塔などの中に線彫の鍾馗《しょうき》像が二体ある。無名の旅人の作らしい。また、手を取り合った男女二神の道祖神は、実に見事な彫で微笑ましい。

小高いところに民家が並んでいる。この集落は、かつて大きな地滑りがあり、その後石仏が集められたのであろうか。かつては集落の出入り口に置かれ、また田圃の境に立てられていた石仏は、村に害を及ぼす悪霊や疫病が侵入しないことを願った村人の祈りの姿であった。

田園風景は木立の中の道となり、上り下りは厳しくなる。下り道になり、街道沿い左手小高いところに石仏群があった。大別当《だいべっとう》石仏群で庚申塔が多い。

小土山石仏群
小土山は昭和四十六年七月
日に大地すべりが発生し、現在の
位置から山が崩れ、姫川をせき
め大惨事となった。現在は復旧工
事が進み不安はない。
ここには庚申塔、鍾馗様などが
集められているが、特に珍しいの
は鎌彫りの鍾馗像だ。大小二体あ
るが、無名の旅人の作といわれて
いる。
（鍾馗）
中国で疫鬼を追い払うという神
が大きく、髯が多く、黒い冠を
け長い靴をはき、抜剣して魔鬼
かんでいる。

小土山石仏群

線彫りの鍾馗像

大別当石仏群

大別当石仏群から【千国諏訪神社】までの道はなだらかな里山が続き、暖かい日差しの中をのんびりと歩く。神社の裏手から入る。立派なお社である。千国街道沿線には諏訪神社が実に多い。北アルプスに沿う集落一帯は諏訪信仰が盛んであった（ある）と言えるのではないか。

よく歩いた道であったが、ここからが本番である。国道一四八号を左にして千国の庄を目指す。ここはかつて口留番所のあった要衝の地であ

千国諏訪神社

った。佐野以北の白馬・小谷両村にまたがる千国荘の中心集落で、また信越の境近くの要衝であったため、戦国時代には甲斐の武田と越後の上杉が千国を手中に入れる手立てをしている。

江戸時代松本藩の政治上の要衝として宿は力を発揮していたが、明治三（一八七〇）年、明治新政府によって番所は廃止され、同時に千国の宿場としての使命は終わったのである。

【千国番所跡】は千国宿のほぼ中央にあり、辺りは民家が建ち並びかつての大き

千国「塩の道」

な集落のイメージが残っている。坂になった道を進み左折するここから【親坂峠《おやさか》】となる。

親坂を越え牛方の宿までの山道には、牛つなぎ石や水のみ場（弘法の清水）があり、下から見上げると牛方宿（ボッカ宿）が見える。

【牛方宿】　昔のままの牛方宿で、千国街道中唯一残っている。かなり大きな立派な建物である。入り口の一角に牛馬の舎があり、

千国番所跡

上から、牛方宿、塩蔵

二階は牛方の宿泊処となっている。常に牛馬の状態を診るための配慮をしていた。裏手にある【塩蔵】はかつて大網峠（後出）にあったものを移転復元している。塩を保管する倉のため、鉄は一切使用されていないらしい。入口さえも見付からない頑丈さである。

　ここからの道は素晴らしかった。遠く、しかもはっきりと、白馬《しろうま》三山（白馬《しろうま》鑓ヶ岳《やりがたけ》・杓子岳《しゃくしだけ》・白馬岳《しろうまだけ》）とその連山が目の前に見えた。このように美しい連山の中に白馬三山を見ようとは。

白馬三山（左から白馬鑓ヶ岳・杓子岳・白馬岳）

道幅も広く、平坦な林の中の道を白馬三山に誘われるかのように進む。

やがて白馬大池から栂池《つがいけ》高原行きの道と、丁字に交わる。その一〇〇メートルほど手前左側に、見事な石仏群を発見する。【前山《まえやま》百体観音】である。傍の説明板に、

「西国三三番・秩父三四番・坂東三三番　百体であったが長い年月の間に八十体となってしまった。造立年代はさだかでない。いずれも伊那高遠から招かれた石工の手になったもの。作風が優れてい

前山百体観音

る」

とあり、往時の三十余の集落名と百四十人近い願主の名、造立には現在の南小谷地区、中土、北小谷地区、遠くは借馬《かうま》、大町の人まで加わっているとある。深い木立の中、二列に並ぶ観音さまはいずれも欠け落ちたところがなく、掘りの深いよいお顔をしている。

塩蔵から百体観音に至る塩の道のあまりの美しさ、心の安らぎが忘れられず、同じ年の七月に再び訪れた。観音さまは静かに佇み、白馬連山は緑色に衣替えをしていた。

千国街道
東回り古道との分岐
↑糸魚川へ
ねち
こたき
山口関所跡
白池地蔵
塩の道資料館
戸土境ノ宮
白池
ボッカ宿跡
鳥越峠
横川集落跡
大網諏訪神社
大網峠
長者平
ひらいわ
三坂峠
葛葉峠
乳房の木
猫鼻の石仏群
地蔵峠
地団駄
砂山庚申塔
貝の平
三峰様
城ノ越
唐沢の庚申塚
きたおたり
道の駅小谷
常法寺
中谷大宮諏訪神社
来馬宿
幸田文文学碑
なかつち
フスベ
虫尾の阿弥陀堂
宮本
諏訪神社
みなみおたり
分岐
燕岩
塩の道
東回り古道
国道148号
JR大糸線

## 3 塩の道　千国古道の分岐

松本、大町、白馬、小谷と北上した塩の道は、南小谷の燕岩《つばくろいわ》から東西に分岐する。

東回りは、姫川を渡りそのまま大峰、地蔵、三坂、鳥越と難所の峠を越え、信越国境の戸土に至り、新潟県糸魚川市に入り根知《ねち》谷の山口《やまぐち》（関所があった）で大網峠を越えてきた道が合流し、仁王堂から峠を越え頸城大野《くびきおおの》へ、やがて糸魚川市に至る。この道は諏訪信仰と深い関わりがあり、古代からの道筋であると言われる（「塩の道　千国古道」）。小谷村横川《よこかわ》集落跡から大和朝廷時代や室町時代の出土品が出るという、おそらくその時代からの道なのであろう。

一方、南小谷の燕岩から下里瀬、池原《いけばら》、来馬《くるま》、塩坂《しおざか》、湯原《ゆばら》、大網、大網峠を越えて先の新潟県の山口（関所があった）で地蔵峠、三坂、鳥越峠を越えた道（「千国古道」）と合流し糸魚川市に出る道がある。この道は、戦国時代から江戸時代にかけて物資が多く通った道のようである。

分岐したこれらの道はいずれも険しい峠道で、「塩の道祭り」で歩いた塩の道との落差が大きい。これこそ「塩の道」と言える道に入る。その中で生き続けてきた信濃の人々の強靭な精神力と柔軟な生き様《ざま》を思う。そして、それが、日本人の本質と深く関わっているように思えてならない。

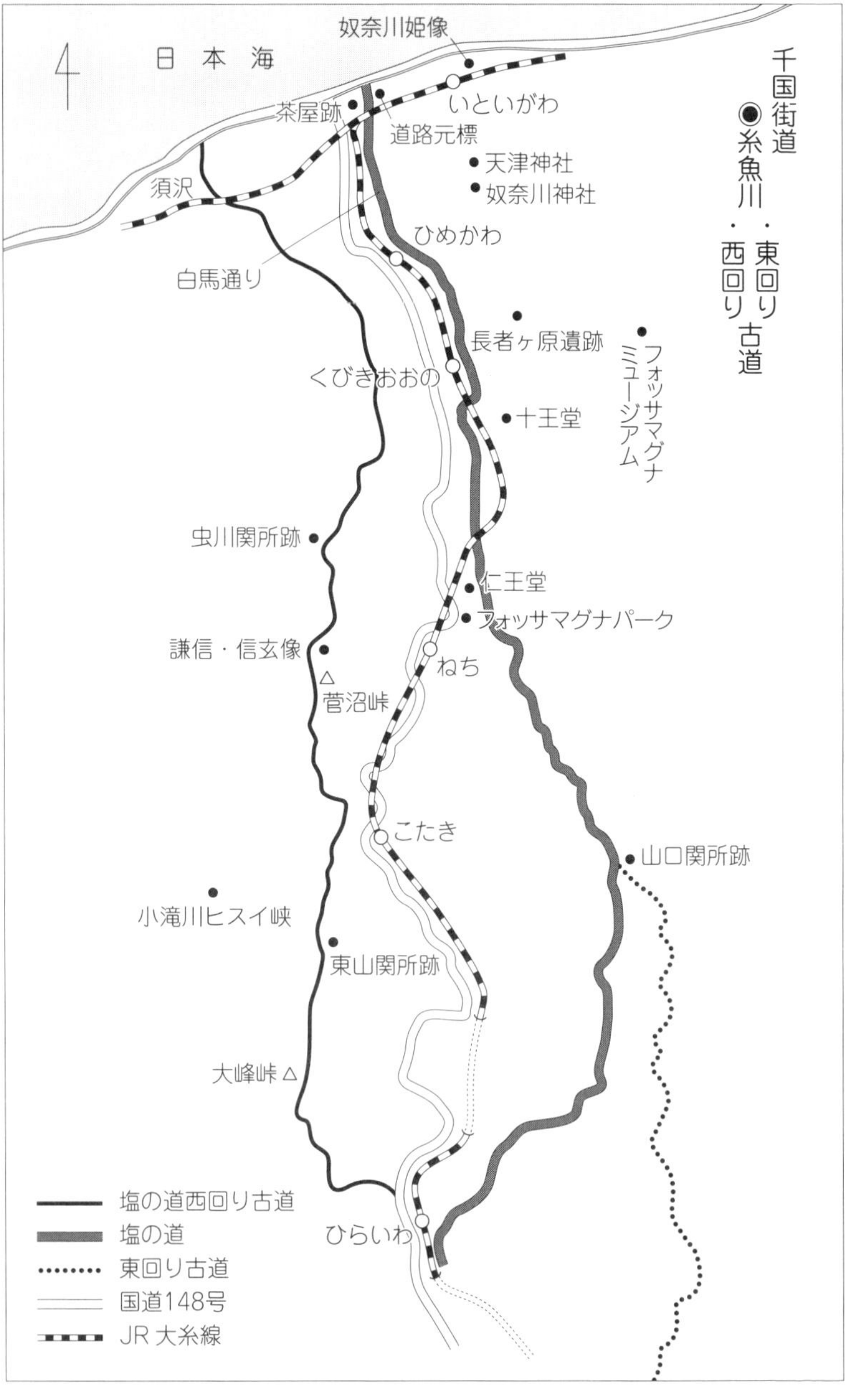
千国街道
◉糸魚川・東回り・西回り古道
日本海
奴奈川姫像
いといがわ
茶屋跡
道路元標
天津神社
奴奈川神社
須沢
ひめかわ
白馬通り
長者ヶ原遺跡
フォッサマグナミュージアム
くびきおおの
十王堂
虫川関所跡
仁王堂
フォッサマグナパーク
謙信・信玄像
ねち
菅沼峠
こたき
山口関所跡
小滝川ヒスイ峡
東山関所跡
大峰峠
ひらいわ
塩の道西回り古道
塩の道
東回り古道
国道148号
JR大糸線

## 塩の道　東回り古道

燕岩から分岐と言うより、東回り古道は古代の塩の道である。宮本橋《みやもとばし》を渡り姫川右岸に出る。古道に沿ってすぐに宮本諏訪神社があり、鳥居の前に石仏が並ぶ。宮本の庚申塚も近くにあり、祈りの道の入り口の思いがする。しばらくして長閑な田圃道となり、やがて左手木立の中に中通《なかどおり》観音堂が見える。大峰峠の素晴らしい展望に一息する。

【中谷《なかや》大宮《おおみや》諏訪神社】　古くから小谷総社と称せられ諏訪信仰の中心的な役割を果たしている神社で、諏訪大社の御柱の前年行なわれる薙鎌打ちの神事では、諏訪大社から薙鎌を捧持した宮司一行が来社し奉告祭を行ない、その後、戸土の境ノ宮、または仲股《なかまた》の小倉明神へ赴く。

神社へは、大糸線の中土からバスを利用し郵便局前で下車する。市場《いちば》というまとまった集落である。中谷川に架かる大橋を渡り、山に向かって坂道を進む。やがて右手小高い所に山門が見える。階段一帯の工事中であったため山道を迂回し境内に出た。立派な拝殿が木立の中に鎮座している。神々しいというのは、このような雰囲気を言うのであろうか。

毎年八月最後の土曜日・日曜日に催される祭典での奴《やっこ》踊り、狂拍子《くるんびょうし》は県の無形文化財であるという。写真で見た鮮や

中谷大宮諏訪神社

かな藍の衣装に真っ赤な頭巾を付けた奴が踊っている様を、頭の中で広い境内に再現してみる。しばし夢想の世界に浸る。研ぎ澄まされた静けさが、木立に囲まれた拝殿と広場を覆っている。日常では感じることのない世界がここにあった。大宮諏訪神社を経てさらに進むと、昔大宮諏訪大社の別当寺であった神宮寺《じんぐうじ》に出る。

塩の道は神社裏手辺りから高町《たかまち》を経て難関の地蔵峠、三坂峠へと向かう。この辺りの道は古代・中世期は東回りの主街道であったと言われる。厳しい坂道を予想したが、広々とした緑の原である。道は、古道の面影を多く残していると言われている。北アルプスの連山が美しい姿を見せる。

埋橋《うずはし》に出る。かつては荷継ぎ宿があり、牛方宿・ボッカ宿があったという。集落があったが現在はない。畑があるので、農耕のために通ってきているのであろうか。

【地蔵峠越え・三坂峠越え】　この二つの峠は、暴れ川の姫川沿いを避けた日本海への最短の道である。地元の説明には半年は雪に閉ざされる上に、両峠は共に千メートル以上の高さがあり峠越えは厳しく、「六月上旬から降雪までは通行可であるが要問合せ」とある。健脚向きとも書かれている。

地図で二つの峠道を追うと、貝の平《けえびら》・地団駄《じだんだ》・跡杉坂《あとすぎさか》といった異色の地名に出会う。これらは、戦国時代の戦《いくさ》に関係があると言われる。甲斐の武田軍と越後の上杉軍との戦いである。そのような昔、このような奥地の山郷にまで戦禍が及んでいたのであろうか。長者平《ちょうじゃだいら》というところには七十戸ほどの集落があったが、武田軍により焼き払われたという。

また地蔵峠近くに乳房の木と言われたセンの木があり、安産子授けの神木として信仰があり昔はお参りをする人が絶えなかったという。厳しい峠道なのに、と思ってしまう。地蔵峠の頂上には地蔵堂を祀ってある。古代官道であったと言われる三坂峠。ここから日本海が見えるという。頂上は広場になっていて、牛方やボッカ仲間、また戸土境ノ宮への薙鎌打ちの大祝《おおほうり》の一行、戦国期の武将たちが、みなここで休息したという。タイムカプセルの峠である。親しみが湧いてくる。ぜひ行きたいところである。

【鳥越峠から戸土へ】　三坂峠から鳥越峠に至る道を追うと、長者平という地名がある。ここには七十戸の集落があったが、戦禍にあって消滅したとこ

ろである。さらに鳥越峠に近く横川に集落跡がある。この集落は、過疎化によって全戸転出したという。このような山の中で半年近く雪に埋められた山郷で、村人はどのようにして生計を立てていたのであろうか。牛方やボッカの仕事が大きな稼ぎとなっていたのであろうが、それにしても不安定である。村人が古老から聞いた話では、「牛方宿・ボッカ宿には相当の収入があり牛馬の飼料もいい収入になった」という。塩の道の役目が徐々になくなるにつれ、集落が過疎化していくのは否めないことであろうか。

そして、境ノ宮を祀る土戸の村に入る。「この地は信州小谷村戸土」の碑の近くに「小谷村立北小谷小中学校戸土分校跡」の碑が建っているが、戸土にもかつて三十戸ほどの集落があった。この集落は、昭和三十六（一九六一）年の大規模な地すべりで田畑に被害を受け、村人は転出したという。

千国古道東回りの道筋は、古代、中世期の塩の道であり、人々の交流の道筋で

小谷村立北小谷小中学校戸土分校跡碑

あり、人が住み着き、集落をなし、祈りの道であったわけである。

戸土への道は、日本百名山の一つ雨飾山《あまかざりやま》が何度も見え隠れする素晴らしい景観の道でもあった。

【戸土境ノ宮】　越後と信州の国境に建っている。諏訪大社の象徴である薙鎌が打ち込まれた神木が境内にある。「境ノ宮入口」の標を右に、刈り込まれた緑の山道を登る。かなりの距離があったように思われた。この坂道を烏帽子を頭に衣冠束帯の礼装に身を纏った大祝一行が、薙鎌の納められた唐櫃を中に登る姿を想像し、異次元の世界にいるような錯覚を覚えた。

汗を拭きながら登って行くと、目の前に社の屋根が姿を現わし、だんだんと姿

戸土境ノ宮

戸土境ノ宮境内にある神木　諏訪明神の象徴「薙鎌」が打ち込まれている（白丸内）

を見せてくる。木々に囲まれた社の向こうは空《そら》であった。そして、遠く新潟の街とその先に薄《うっす》らと日本海が見えた。境ノ宮は木材を重ねたような質素な社であったが、清々しい空間に静かに建っていた。

薙鎌が打ち込まれたご神木は、境内のすぐ前にあった。木に深く打ち込まれたように見えるのは、十二年前のであろうか。不思議な世界を見る思いがした。

きた道を戻りさらに進むと、山口関所跡がある。越後に入ると、糸魚川までの行程は後の千国街道と同じである。

## 分岐後の千国街道

燕岩から分岐した道は、戦国時代から江戸時代にかけて物資が多く通った道のようである。虫尾、下里瀬、池原、石坂から来馬へ、さらに天神道《てんじんみち》峠を越え、葛《くず》葉《は》峠を越え平岩に至る道程となる。虫尾、下里瀬は五月の「塩の道祭り」で訪れているので、今回は石坂《いしざか》から山崩れで壊滅した来馬集落を訪ねた。下里瀬から見る姫川は、幅広い立派な川になりさらさらと音を立てて流れていた。

【石坂から来馬へ】 かつて来馬の地は、小谷地方の物資の集散地として経済的機能を果たしていた。小学校、村役場、郵便局、駐在所、村医住宅などもあり、北小谷の政治、文化、経済の中心地であったという。

明治四十四（一九一一）年に発生した「稗田山崩れ」は、日本三大崩れとも言われるほど被害が大きかった。稗田山の崩れは、一瞬にして北小谷村民の財産と生命を奪ったのである。稗田山の北半分が幅八キロ高さ三〇〇メートル、厚さ一キロにわたって大音響とともに崩れ落ちたのである。崩れ落ちた土砂や岩は、大土石流となって姫川の支流浦川《うらかわ》の渓谷六キロを埋め尽くし流れ落ちたのである。

最初に被害に遭った石坂集落は、土砂に押し流され土砂に敷かれて全滅したのであった。翌年四月再び土石流が発生、稗田山が二回目の崩壊。この時、来馬の民家を埋め、翌月また土石流が浦川を流れ落ちた。度重なる災難は、農産物、田畑まで奪ったのである。

荒れ果てた川原もどうにか復活し、村人の生活に明るさと希望が見られるようになった時、大正十二（一九二三）年の春、姫川が猛威を振るう。災害に遭うたびに村人は、安全な地を求め移動して行った。そ

浦川橋と浦川

浦川の流れ（上流）

の後も、毎年姫川の氾濫が繰り返されている。

取材で一泊した平岩の宿の女将が、「川の水はまっすぐに流れてこない。対岸にぶつかり、こちらに跳ね返ってきて、また対岸にすごい勢いでぶつかる」「あっと言う間に建物が流されていった」と話された。部屋の窓から見下ろす姫川の流れは勢いはあったが、川岸に沿ってまっすぐに流れていた。

昭和三十七（一九六二）年、浦川上流にボーリング調査が開始され、第二次世界大戦後からの国の直轄砂防事業などによって、現在ではかつての大災害が窺えないほど復旧が達せられているという。全長四、五キロしかない浦川に十三基もの砂防ダムが建設されたのである。

地図で姫川の流れを追うと、支流の多さに気付かされる。特に下流（糸魚川）に向かって左側が多い。このことは、北アルプスに関係があるのであろう。雪解けの春から夏にかけては、水量の増加もあるであろう。支流は大小さまざま、長さも長短あり、深さも大きく違いがあるはずである。

やさしい名前の「姫川」は、記録で知る限り、確かに「暴れ川」ではあるが、産卵のため姫川を上ってくる鮭捕りに地元は賑わったこともあったという。

小谷村観光連盟に問い合わせると、来馬への道は車が利用できるとのことであった。姫川橋を渡り、大糸線中土から登り道になる。街道は、姫川の渓谷沿いを避け山道を登っている。人影はなく不安であったが、秋葉様の祭礼の幟にほっとする。車での移動は助かるが、塩の道から離れるため立ち寄りができない。あっと言う間に通過してしまう。姫川の淵を見下ろす道のため牛馬の転落もあったと言われる難所のフスベも、通過になってしまった。坂道である上、道幅が狭く車の離合ができない、どちらかがぐぐーっと後ろへ下がることになる。右手すぐに立派な池原諏訪神社があった。

狭く曲がった道を上る。小さな峠を過ぎると、急に目の前が開け、左手の小高いところに碑が見えた。有名な幸《こう》田文《だあや》「歳月茫茫」の文学碑や、鎮魂の碑などである。その裏手崖下の田圃には、稲が色付き始めている一帯が穏やかでのんびりとした空間である。悲劇が想像できない。

すぐ近く森の中に、茶色の立派な浦川橋が見えた。橋の中ほどに立って浦川の上流、下流をまじまじと見る。橋の袂に回り、浦川の上流を見たが稗田

幸田文「歳月茫茫」の碑

山らしき山を見ることはできない。かなり上流にきているはずである。にもかかわらず、浦川は支流とは思えないほど川幅が広く、今では大小の石ころだらけの川原に小さいが速い流れが一本あるのみであった。この川原いっぱいに盛り上がりながら、土石流が流れ落ちてきたのだと当時を想像し恐怖を覚えた。川原にはいくつかの堤防があり、流れをコントロールしているようだ。

橋を渡り切り、来馬に向かって坂道を下る。途中右下方に姫川が見えた。姫川

来馬の川原　白い流れは姫川　かつて来馬の集落があった。小谷三宿の一つでもあった

と車道とのかなり距離のある空間。川原である。かつてそこには、塩の道があり、来馬の集落があったのである。集落跡は今では生い茂る葛の葉に包み隠され、遠くに運動場らしき土色の平地が一面あったが、他は広々と緑色に覆われていた。

かなり下ると、道の左手奥に来馬諏訪社がある。この社は、災害に遭ってここへ移されたとある。高台に常法寺《じょうほうじ》が来馬川原を見下す位置にあった。かつては総門、杉並木の二百数十段の石段のある寺

常法寺

道から下方来馬の川原方向

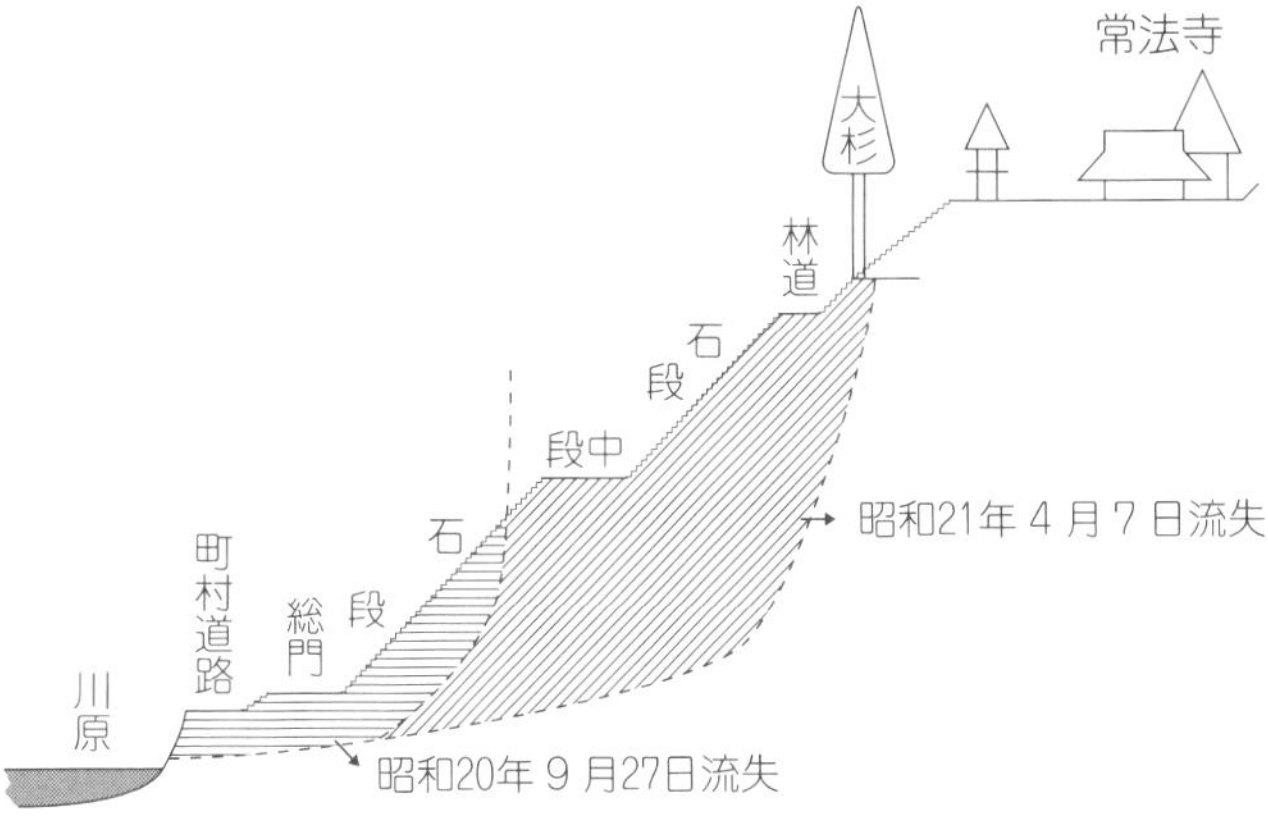


昭和21年来馬の地滑り

であったが、地滑りで半分は消失し、常法寺のご住職の記録にあった図面と比較してみると、災害の大きさが伝わってくる。図で見る寺の石段に避難した刈り取った稲束が、あっと言う間に流されたとあった。

現在車の通っている道は、災害後の新しい道であろうか。車道から下は、生い茂った葛の葉で覆われて何も見えない。

坂道を下りきると来馬口に出る。ここでは、大糸線、国道一四八号、姫川、塩の道が並ぶ。国道に沿って道の駅があり、少し先に塩の道「天神道入口」がある。

【天神峠越え】　道の駅を過ぎ道なりに進むと、島《しま》温泉がありその先に「天神道入口」の小さな標柱が立っている。すぐに坂道となり、唐沢の庚申塚を越え、木立の中を過ぎると急に明るくなり、一気に頂上らしきところに着く。【城《じょう》ノ越《こし》】である。上の方が枯れている松の大樹があり、その根方に立てかけられた札に、

唐沢の庚申塚道標と石仏群

唐沢の庚申塔

かつてここに大日如来像があったと記されてあった。苦労を共にした愛牛が、この近くで命を落としたのであろうか。松の古木に思わず手を合わせてしまう。

そこは広場になっていて、筧《かけい》を伝って落ちる清水が溜められていた。その水の美味しいこと。何杯も飲んだ。冷たい水が乾ききった喉を流れて行く。ほっと一息つく。

傍に「茶屋の跡」の標柱が立っていた。牛方の皆さんもきっとここで休憩し、この水で喉を潤したであろう。それ

城ノ越

にしても茶屋の跡の狭さに頭を傾げてしまう。でも笑い声が聞こえてくる。心の底から大らかで心が開かれる。

後ろの小さな階段を登った高台に、杉の木に囲まれた広場があり、二メートルほどのカヤを円錐状にした社があった。【三峰様《みつみねさま》】と言われるこの神は、農業の神と言い伝えられ、また盗難、火災、病難を除ける神であるという。代参の当番が、秩父大滝村の三峰神社からいただいてきたお守り札を石祠に安置し祭事が行なわれる。初めて見る神の社である。

塩の道　天神道　茶店跡

どこまでも続く平坦な道

ここから湯原までの道は平坦で歩きやすい。左手は山、右手は滑らかな谷で三、四十センチの道幅である。山側から滴る水でぬかるんだところがあり、三度も尻餅をついてしまった。危険はなかったのだろうかと訝ったが、かつては今の三倍ほどの道幅があり、楽に牛馬は離合できたという。訪れる人はいないのだろうか、可憐なカタクリの花が道いっぱいに咲いている。音一つしない静寂な道を進む。石仏が三体、やっと人に出会った感がした。

カタクリの花の咲く道

【砂山の石仏】である。ここには、大きな牛方・ボッカ宿があった。蒲原沢《がまはらざわ》に出る。ここには新潟県との境、国界橋《こっかいばし》がある。ここから葛葉峠を越えて平岩《ひらいわ》までの交通は不通であった。

【大網《おあみ》越え】　平岩で西回り古道と分離し、根知谷の山口関所で東回り古道と合流し糸魚川へと通ずる道である。地蔵峠を経ていた東回り古道のルートが大網峠へ変遷した理由の一つに、姫川に大網橋が架けられたこともあるらしい。それを証明するかのように、かつての橋脚台と

砂山の石仏

言われる巨岩があり、橋桁の穴も見ることができる。架橋工事は、松本藩と糸魚川藩によるものであったという。両藩にとってかなり重要な橋であったのであろう。

**【大網集落】**は、信州側の最北端の宿場であるため、軍事・交通の要所であり、千国番所の支所も置かれていた。牛方宿やボッカ宿・塩の中継地として荷宿があり栄えた。塩を貯蔵するための塩蔵は幾棟かあり、塩の道で現在唯一残っている塩蔵はここから移築されたものである。

また北小谷小学校の分校もあった。

**【大網諏訪神社】**集落のほぼ中央にあり、タケミナカタの命の生誕の地であるとの伝承がある。ヌナガワ姫の産屋があったという伝承である。

大網峠までの間に、横川吊り橋、牛の水飲み場、茶屋跡や屋敷跡など、かつての峠の繁盛振りを語るものがある。

峠を越え白池に至る。この湖は秋が実に美しいらしい。湖畔の一角、諏訪平に

【白池《しろいけ》諏訪社石祠】があり、街道が賑やかであった時代には、茶屋やボッカ宿が数軒もあったとある。

また元禄時代「信越国境論争」が起こったところである。江戸末期（文政七〈一八二四〉年）の大雪崩れでボッカ宿が崩壊し、ボッカが遭難した。湖畔にその遭難者の供養地蔵があったが、やがて山口へ移転した。

【山口関所跡】大網峠を過ぎ白池を北上すると、関所跡に出る。この関所は、街道の要所で、越後側の口留番所が置かれていた。現在「関所之跡」の碑が立っている。ここは、信州から越後へ越後から信州に入る地点であった。

【根知塩の道資料館】民家を改良した塩の道資料館で、根知の民俗資料が展示されている。

【白池地蔵】整った彫像は供養地蔵で、文政七（一八二四）年、大雪崩れで被

災したボッカ二十一人の供養地蔵である。

山口関所からの千国塩の道は東回り塩の道古道と合流し、越後に入り根知谷近くから姫川・国道一四八号線・大糸線と並び日本海へ向かう。この道にも、仁王《におう》堂《どう》・茶屋跡・十王道《じゅうおうどう》・大野《おおの》の下村石仏群・長者《ちょうじゃ》ヶ《が》原《はら》遺跡・天津《あまつ》神社・奴奈川《ぬながわ》神社など、塩の道を語る遺跡が点在している。

塩の道街道が糸魚川市街のほぼ中央を通り、現在の北陸道と交差した白馬道がそのまま日本海に突き抜けたところが糸魚川港であった。道の両側には、信州路への塩問屋が軒を並べ、長者通りとも言われ、糸魚川町で一番活気のあった通りであった。（田中欣一氏著『塩の道　歩けば旅びと　千国街道をゆく』より）

信州と越後との交流は昔に遡るほど深く、松本市の深志神社の玉垣に越後国糸魚川町の銘があったが、糸魚川市一の宮天津神社にも、信濃松本の魚問屋によって寄進された一対の常夜灯がある。

（上）天津神社境内の常夜燈一対
（下）信濃松本の魚問屋によって寄進されたとある

糸魚川市　前方日本海　回船問屋や茶屋があった

## 塩の道　西回り古道

西回り古道は平岩からさらに北上し、大峰峠を経て現在の須沢《すざわ》臨海公園・日本海に至る古道である。昔を語る石仏や遺跡が多く残っているようである。またかつて二つの関所があったことからも、重要な道であったことが理解できる。

【東山《ひがしやま》関所】　明星山《みょうじょうさん》の山麓を通り信州へ運ばれる抜き荷取締の役所であった。

【虫川《むしかわ》関所】　根知の山口関所とともに、塩の道西回りコースの信越国境の要であった。菅沼《すがぬま》峠の近く二つの像が並んでいる。謙信・信玄像である。両軍の戦いは伝承されているらしく、「敵に塩を贈った」義塩の話はいまだ新鮮である。道々に学校跡・役場跡などもあり、かつては栄えていた道筋であったと思われるが、現在は過疎化が進んでいる。

【須沢】 現在の須沢臨海公園一帯が、塩の道西回りの発着地であった。現在は、昔の面影はほとんど見られない。

塩の道東回りに設けられていた山口関所。同じく西回りに設けられていた虫川関所はともに信越国境の要であった。荷物を手や背に、また牛馬の手綱を手にした牛方でごった返したこともあったであろう。信州から越後に入る牛方やボッカは厳しい検問を無事通過し、どんな思いで隣国の越後へ足を踏み入れたであろうか。また、糸魚川から塩を背にした牛方やボッカは、自国の信州へどのような思いで一歩を踏み入れたであろうか。人ごみの中に安堵と緊張の面差しが行き来したのではなかろうか。今はすでにない両関所とも、森に囲まれた草原に碑や標柱が静かに建っているのみである。

# エピローグ

白馬三山に惹かれ訪れた信州であったが、足を運ぶ中で少しずつ分かってきた北アルプスの誕生。また、日本列島の大断層線の西縁が姫川に沿って南下していることを知った驚きは今も消えない。日本海から信州の東北部へ通じていた山道は、ただの山道ではなかった。

「文化を呼び込み、運び、奥深くにまで広げていった黎明の道であった」。そのように思えてならない。

日本広しといえども、このような得難い歴史を秘めたところはないのではないか。

今一つの驚きは、日本海に流れ込む姫川の左右には名峰が並び、それだけでも感動であるのに、山奥に姫川に沿って『古事記』の時代、いやもっと古い時代から我々先祖の活躍があり歴史があったことである。

さらに今一つの驚きは、塩の道と言われたこの道は長い間人々の生活を支えてきたが、やがて「生活の道」としての役割を終える。それから現在まで何十年経たであろうか。大正時代から考えても一世紀は過ぎている。にもかかわらず塩の道が現在も立派に残っていることである。塩の道全体が「掛け替えのない文化遺産」であると言いたい。

土地の方々の愛情とご苦労が伝わってくる。

塩の道を歩いた疲労感は心地よいものであった。「癒される」とよく聞くが、言葉にならないほどの安らぎを感じたのは、体を限界近くまで動かしたことにもある。足の裏を地に付けて一歩一歩歩く。ただ黙々と歩く。生きる力が足の裏から体の中へと伝わってくる。そんなことを実感した塩の道歩きであった。

目を閉じると、苔むした石仏や庚申塔が次から次へと目に浮かび、雪に苦しめられるボッカの姿が浮かび出る。やはり、塩の道は祈りの道である。人間の生き様を知る道であったと思う。

二〇一三年　秋

## 著者プロフィール

**小山 矩子**（こやま のりこ）

1930年、大分県杵築市八坂に生まれる
大分大学大分師範学校卒業
主な著書に、『足尾銅山—小滝の里の物語—』『サリーが家にやってきた—愛犬に振り回されて年忘れ』『ぼくらふるさと探検隊』『ほくろ　嵐に立ち向かった男』『川向こうのひみつ—ばあちゃん、お話聞かせて—（1）』『照美ちゃんかわいそう—ばあちゃん、お話聞かせて—（2）』『魔法使いの帽子とマント—ばあちゃん、お話聞かせて—（3）』『ノモンハンの七月——あれから六十六年』『日本人の底力　陸軍大将・柴五郎の生涯から』『ノモンハンは忘れられていなかった　六十七年後の今』『キルギス　この遠くて近い国　キルギスの第一歩は、「なんと美しい国！」だった……』『キルギス再発見　再びキルギスへ』『足尾銅山　歴史とその残照』（いずれも文芸社刊）、『歳をとるってこともまた楽し』（郁朋社刊）
東京都在住



**黎明の道　祈りの道**　信州「塩の道」を歩いて

---

2014年6月15日　初版第1刷発行

著　者　小山 矩子
発行者　瓜谷 綱延
発行所　株式会社文芸社
〒160-0022　東京都新宿区新宿1－10－1
電話　03-5369-3060（編集）
03-5369-2299（販売）

印刷所　株式会社フクイン

---




ISBN978-4-286-15044-4

# キルギス再発見

再びキルギスへ

四六判・146頁・定価(本体1200円+税)・2010年
ISBN978-4-286-08914-0

太平洋戦争の陰影が存在している日本と関係の深い、遠くて近い国キルギス。国際交流基金の剣道指導者として足跡を残す夫のキルギス行きに2度目の同道となった著者。そのキルギスの美しい風景と優しい人々との交流、そしてキルギスの隣国、ウズベキスタンに残る日本軍兵士の墓のこともつづる。キルギスルポ第2弾。

## 小山矩子「歴史ルポ」シリーズ既刊書好評発売中!!

# 足尾銅山

歴史とその残照

四六判・210頁・定価（本体1400円＋税）・2012年

ISBN978-4-286-13164-1

近代の産業史や公害史にその名が登場する足尾銅山。その足尾銅山に魅せられ、1973年の閉山から田中正造没後100年に当たる2012年まで幾度も通いながら、その光と影を追い求めてきた。その足尾銅山の繁栄と凋落までの歴史的経緯と、遺産や遺跡をつぶさに追う、ルポルタージュ。足尾銅山探索にも役立つ地図収録。